全国小学生校园美文精品集萃丛

七色阳光
小少年

冬天的第一场雪

《语文报》编写组 编

时代文艺出版社

图书在版编目（CIP）数据

冬天的第一场雪 /《语文报》编写组编. —长春：时代文艺出版社，2018.8（2023.6重印）

（"七色阳光小少年"全国小学生校园美文精品集萃丛书）

ISBN 978-7-5387-5880-1

Ⅰ.①冬… Ⅱ.①语… Ⅲ.①作文－小学－选集 Ⅳ.①H194.4

中国版本图书馆CIP数据核字（2018）第117915号

出 品 人 陈　琛

产品总监　郭力家

责任编辑　徐　薇

装帧设计　孙　利

排版制作　隋淑凤

冬天的第一场雪

《语文报》编写组 编

出版发行/时代文艺出版社

地址/长春市福祉大路5788号　龙腾国际大厦A座15层　邮编/130118

总编办/0431-81629751　发行部/0431-81629758

官方微博/weibo.com/tlapress

印刷/北京一鑫印务有限责任公司

开本/700mm×980mm　1/16　字数/153千字　印张/11

版次/2018年8月第1版　印次/2023年6月第5次印刷　定价/34.80元

编　委　会

目 录

001

跨过这条河

无声胜有声

挂在鞋子上的春天

我喜欢

你们在，岁月安好

　　那碗热汤盛着的是妈妈对我的爱，氤氲着妈妈对我的呵护，一种香甜甜的味道，自心田往上升腾，没有巧克力的浓郁，可那种丝滑清香的味道像阳光亲吻清流，流水滋润绿野，让我怦然心动。

你们在，岁月安好

赵伟辰

夏初的风，掺和着淡淡的栀子花香，陪时光悄悄流逝。但你们的微笑依旧清晰如昨，你们那温馨的话语依旧萦绕耳畔……

热汤·呵护

那个秋日，讨厌的流感驻扎在我身上。夜已经深了，我全身无力，丝毫没有胃口进食。妈妈愁眉苦脸地看着我，炒了一大桌"满汉全席"也没挑起我的胃口。"怎么办？"妈妈微微触眉，自言自语地朝厨房走去……这时，厨房传来切肉的声音，我朝厨房望去：妈妈将肉切得碎碎的，一遍又一遍……切得满头大汗。接着，她又将豆腐拍碎，再拿出地瓜粉，将它们拌在一起……过了一会儿，清香的气息袭来，我的味蕾开始跃动。妈妈小心地端来这碗她已细心吹凉的汤：豆腐圆子沉在底下，芹菜浮在汤上。我迫不及待地喝下那碗汤，顿时，一股暖流涌遍全身，又从我的心口处蔓延，直至每一个细胞……

那碗热汤盛着的是妈妈对我的爱，氤氲着妈妈对我的呵护，一种香甜甜的味道，自心田往上升腾，没有巧克力的浓郁，可那种丝滑清香的味道像阳光亲吻清流，流水滋润绿野，让我怦然心动。

此刻的幸福，如花儿草儿般一簇簇地，争先恐后地开满了我的世界……

妈妈，有你在，幸福便在；有你在，岁月安好……

怀抱·温暖

那个飘雨的午后，成绩揭晓。同学们个个笑靥如花。我拽着那张惨不忍睹的试卷，迎着细雨，漫无目的地走着，心中的苦无人哭诉……这时，一股熟悉的味道袭来，一抬头，是姐姐，她微笑地看着我，什么话也没说。她浅灰的瞳孔里满是关心和爱怜。我鼻子一酸，扑到她怀里，号啕大哭。她轻轻拍我的背，没有自以为是的说教，也没有刻意的安慰，就那么静静地抱着我……

我的内心一阵感动，心中的阴霾在消散。我幸福地趴在姐姐怀中，缕缕温暖浸润心头，犹如春天的樱桃，霎时开放，带给了我无限的希望；又如漫天花雨，在心中划开蝶一般的灿烂，转开一片安恬。

心，柔软的角落里，散发着幸福的光……

姐姐，你的怀抱，是我的世界。有你在，幸福就在，有你在，岁月安好……

003

花儿·宠爱

那个氤氲着花香的日子里，他会带着我到那片被我称为"花海"的草坪里去玩。那里开满了花，红的、蓝的、黄的、白的小花，披着阳光送给它们的纱衣闪闪发光。他坐在树荫下看着我，我在这草坪上采了很多很多花，然后窝在他怀里编花环，将花环戴在他头上、脖子上，剩余的花儿则插在他的口袋里，试图将他打扮成"花仙子"，他却说自己是"花怪兽"，接着便张牙舞爪地朝我跑来。我笑着躲来躲去，跳东跳西，他也跟着跑着跳着……花落了满地，没入花丛中不见了，只剩下脖子上的那个花环……玩累了，我就回到树荫下在他怀里慢慢入睡……梦里一朵又一朵的花朵在心田深处绽放，终于连成片片花海，摇曳生姿，波浪层层，姹紫嫣红……

爸爸，那时，花儿无比灿烂，我沐浴在你的宠爱中，久久不愿走出……有你在，幸福就在；有你在，岁月安好……

时光静静地绕过我的发梢，带走了许多回忆。你们在我的心田里，也在我的梦里。有你们在，幸福明丽如阳光万丈，幸福荡漾如花蕾绽放……

"萌宠"小鹦鹉

李梓鑫

我家养了一只可爱的小鹦鹉。它那鹰钩般的嘴巴显得很特别。它身上的羽毛非常鲜艳，颜色各异，有浅黄的、翠绿的、橘红的，像披着一件五彩斑斓的锦衣，真是漂亮极了！小鹦鹉的一双眼睛好似宝石般不停地转着，还不时伴着一阵阵欢快而又清脆的叫声，令人心情舒畅。

每天清晨，我总在鹦鹉的阵阵欢叫声中醒来。轻轻推开门窗，小鹦鹉那调皮活泼的身影映入眼帘，我的心不禁欢悦起来。我细心地给它换水、喂食，它看见了我，显得更开心了！

小鹦鹉很聪明，是一名"天才演员"，它那精湛的演技令人赞不绝口。那天，我在鹦鹉的笼子里搭了一根细长的木棍，本想让它站在上面睡觉，会更舒适一些。可谁知它竟然把木棍当成了玩具，玩得不亦乐乎。只见它一个箭步跃来，用嘴叼起木棍，屁股一翘，爪子紧紧地钩住木棍，来了个"倒挂金钩"，真是调皮！

又有一回，我把鹦鹉放了出来，它在客厅里溜达，东张西望，"啾啾"地叫着，一切都觉得那么好奇。它蹦蹦跳跳地来到了我的身边。我从柜子里拿了一个乒乓球给它玩。它先用嘴碰了碰乒乓球，觉得挺好玩的，就试着站上去。第一次踩上去时，险些摔了下来，把它吓得直哆嗦。可过了一会儿，它吸取了经验，又勇敢地尝试了一次，这回，它成功地站了上去，耍起了杂技。我看它玩得正欢，也觉得特别高兴，就剥了一些核桃、杏仁给它吃。小鹦鹉一眼瞅见有这么多好吃的，便更加卖力地表演了。它真的好贪吃呀！

我十分喜爱这只小鹦鹉，把它奉为至宝，它是我永远的好朋友！

爱在身后的一串串脚印

王 欣

敬爱的妈妈：

您好！近来您身体可好？在外想我吗？两年前，自从您回云南之后，我们就很少见面了，我非常想念您。就在上个星期，发生了一件事，让我深切感受到真情的温暖，让我给您说说吧！

那天，天色昏暗，阴雨绵绵。放学后，我从小路走回家，凛冽的西北风呼呼地刮着，路上一个人也没有。我冒着刺骨的寒风往前走，一不小心，滑倒在路边的池塘里。我挣扎着爬起来，干脆停在爸爸做工回家的必经之路上，等爸爸一道回家，可是左等右等总是不见爸爸的踪影……雨越下越大，我在冰雨中冻得瑟瑟发抖，孤单、寂寞、害怕包围着我，我蜷缩着等了许久，暗暗埋怨着："爸爸今天怎么了？他也想要丢下我，不管我了吗？我得赶紧离开这鬼地方。"就在我颤颤巍巍地起身往家赶时，突然看见远处有微微的光亮向我这边移动，此时的我就像抓到了救命稻草，加快脚步往前走，情急之中又滑倒在田边的泥沟里，眼前一黑，晕了过去……

等我醒来的时候，发现自己躺在床上，床边围满了人。老师关切地问："好些了吗？以后放学要按时回家，不要在外逗留。"同学们也纷纷关心地问："你没事吧？"这时，奶奶端来一碗药，说："喝了吧，欣欣！"从他们口中，我才得知，原来爸爸今天加班打混凝土去了，当夜幕笼罩着大地，奶奶见我还没回家，急得像热锅上的蚂蚁——团团转，赶紧叫大伯帮忙找我。大伯拨通了班主任汪老师的电话号码询问，老师说："我们四点就放学了，怎么六点多还没回家？"老师急得连饭也没吃完，更是放下第二天即将参加县经典诵读比赛节目的准备工作，开始四处打听。连续多天在校排练节目的班主任用沙哑的声音拨了一个多小时的电话，询问过学校门卫刘爷爷、其他班级的班主任以及和我联系的所有同学，甚至发动同学和家长，不放过一点儿蛛丝马迹连夜寻找我的下落。听了他们的话，我再也忍不住了，泪水夺眶而出，一股暖流涌遍我全身……

这股暖流中所饱含的亲情、师情、友情，是我生命里最重要的情感，他们一路陪我成长，在我身后印出一串串脚印。妈妈，在这串脚印里我是多么希望能有您更多的影子啊！妈妈，希望您有时间能常回家看看我们！

祝您：工作顺利，天天开心！

想念您的女儿：欣欣

溪畔桃花美

贾新楠

春寒料峭的多雨天气，终于被明媚的春阳战胜了。三月的溪畔，桃红柳绿，草长莺飞，踏春、赏花又成了人们彼此相约、互致问候的主题。我们也不例外，趁着双休日，约上几个朋友，徒步游览溪畔的桃园，零距离亲近桃花的美丽与芬芳。

一路上，溪水欢畅地流淌，岸边的鹅卵石被冲洗出了原有的本色，鲜亮、光洁。溪中一大群鸭子游过来，划过去。它们时而扑打翅膀掠过水面，时而猛地扎进水下，欢快极了。溪边一丛丛嫩黄色的小草，为春色增添了几分妩媚。我们走过柳林，穿过桑林，便到了桃园。面对一片粉红的桃花，背依苍翠碧绿的群山，就像自己也在画中一般。

这一片沿溪岸栽种的桃林，有多少棵桃树，谁也说不清，只觉得眼前一片粉红，望不到头。一行又一行，一排又一排，像姑娘的脸庞一样红。

我们像采花的小蜜蜂，一头扎进花海，追逐花香，追逐春天，把美丽的春景和愉快的心情融合在一起，大家充分享受这大自然的美景。不一会儿，我们的胸襟前，肩膀上，发际间，缀满了粉红的花瓣，个个成了桃花人似的。

一棵棵桃树都奋力地绽放出满枝的花，丰肌秀骨，袅袅婷婷，艳丽润泽。鲜红的花瓣，粉红的花蕊，翠绿的花萼，活力四射，绝没有一丝衰败的迹象。这当然得益于果农们的精心管理，得益于家乡这条小溪的哺育，得益于春阳的映照……

溪畔的桃花，实在娇美。这几枝，交错过头顶，横斜在蓝天下，格外娇艳；那几丛，看似丝蕊垂垂，不胜娇羞，它们占尽春色，多像花中之王的牡丹；这一簇，朵朵红花中点缀几枚淡淡的花蕾，又衬托了几瓣早发的绿叶，分明是同素白的李花、梨花相比美，谁也说不出谁靓、谁美，各有千秋。桃花有繁花似锦的热闹，李花有银装素裹的淡雅，所以，人们才会拿桃红李白来比喻春天的烂漫。

我站在桃园边，遐想着，仿佛变成了一朵粉红的桃花，随着风儿翩翩起舞。

008

跟　着

董奕凯

第一次滑雪，我是跟着爸爸去的，那年我才七岁。

领了雪具，我就一直跟着爸爸。爸爸先在平地上滑，我就跟着滑。爸爸在小坡上练刹车，我就跟着刹车。爸爸上了托牵，我也小心翼翼地跟着上了托牵。后来，爸爸从山顶上连滚带爬地摔下来，手杖飞走了，我也跟着摔下来。

爸爸幽默地说：“我的花样滑雪不错吧？我们接着上托牵。”

胆小的我跟着爸爸，学会了滑雪，其实爸爸之前也没滑过雪。那天晚上，他一直让妈妈给他热敷自己的腰。

现在，我的滑雪技术突飞猛进，早就超过了爸爸，能像只燕子一样优美地滑翔而下，冲着后面大声喊："爸爸，别跟着我！"

爸爸说他自己练练，没跟着我。

我像一片叶子，轻盈地滑向前。一回头，穿着红色滑雪服的爸爸在后面不远处，他没看我，看着天。

我发现，跟在我后面的爸爸有点儿老了，动作没以前那么敏捷了。

爸爸就这样在后面跟着我，时远时近。不能太近，太近会伤害我的自尊；不能太远，太远就看不到我了。就这样，一个高个儿男子和一个矮个儿男孩儿在熙熙攘攘的雪场上滑滑停停……

忽然，扭过头，我没有看见爸爸高大的身影。我有点儿着急，睁大眼睛在人群中寻找爸爸。好久，好像过了好久，似乎像一个世纪那么漫长。

终于，我又望见爸爸那高大的身影了。我赶紧扭过头去。

我放慢了速度，希望爸爸能跟上我。不能太慢，太慢会伤了爸爸的自尊；不能太快，太快就看不见爸爸了。

爸爸在后面跟着我，却又像是我在跟着爸爸。如同第一次滑雪，我跟着爸爸，其实爸爸一直都在跟着我。

我们就这样彼此跟着，跟着目标，跟着爱，跟着幸福，走。

你们在，岁月安好

仰望明月

吴诗诗

秋意渐浓，夕阳渐落。留在大地上最后一抹余光逐渐变色——红、橙、紫、蓝、淡蓝……渐渐地融入天边。月亮娇羞地露了头。我站在桥上，忽然想起，哦！今天的月，会最圆。风吹拂着我的发丝，一股凉意融入身躯，我不由得裹紧了衣裳。

月在我的注目下露了身。它是那么美——洁白、圆润、清柔、娇羞，又不经意地映照大地，流露出一种孤独、娴静、高雅。它的身躯上有几个隐隐的黑斑，然而这无损它的光洁，它如一面明镜，那黑斑不过是大地的倒影。

几朵云浮了上来，月光显得更加透彻。忽然，一缕柔和的银光射向我的脸庞，它不像太阳的光那么刺眼，也不像星星的光那么微弱、调皮。哦！它仿佛只想依靠在我的身边，并不需要什么。它洒在湖中，湖面银光闪闪；它洒在地面上，地面像铺了一地银花。月光，用它独特的颜色来点缀万物。

望着这一轮明月，思绪不由得飘了起来，从古至今，从神话嫦娥奔月，到今天飞船登月，人们的哪一次活动不是为了实现那美丽的梦想呢？

思绪又拉着我穿越时空，我仿佛看到了李白一身白衣在江边与明

月对饮，又仿佛看到了苏东坡在赤壁与明月对歌，而柳永呢，李清照呢……他们在月下抚琴、独坐、漫步、吟诗……

我的心迷失在月光下，我的泪风干在黑暗里。仰望明月，仰望我的情怀……

仓　鼠

史诺一

我一向讨厌仓鼠。听吧，它从中午十二点啃到下午一点，一刻也不停，好像这样做就会有人为它发工资似的。这一段时间我根本无法午休。下午放学回家，我还要忍气吞声地替它收拾啃下的泡沫。

它永远不欺负别的仓鼠，却欺负忠厚的松鼠！趁其不备，要咬下牙齿印才肯罢休。更可恶的是，它会想尽办法骗取食物。昨天给它的食物，它会趁你不在，把食物藏起来，第二天等你来的时候，你发现食物被"吃光了"，你一定以为它很饿，并会多放些食物进去。刚拿到食物，它会假装在一旁狼吞虎咽，你一定会再放些食物。等你走后，它会把吃进去的食物吐出来，这才悠闲地细嚼慢咽。它就是这样利用你的仁慈骗取食物。

可仓鼠生孩子时，却不说话了，静静的，它不会像母鸡那样吵闹，就像是它在那里藏了几块宝贝似的。

每天它都教孩子磨牙啃东西，一天不知要教多少知识，但孩子毕竟是孩子，也会像我们一样开小差，但是仓鼠妈妈不会怪它们，也没

你们在，岁月安好

有坏脾气，它似乎知道孩子们是渴望自由的。

仓鼠还是用老方法来骗取食物，可这时我不再认为它狡猾了。而是按照它的要求满足它，假装不知道它的计谋。

渐渐地，孩子们胖得越发像皮球，而它自己变得骨瘦如柴，因为它把食物几乎都给了孩子。

一位英雄的母亲浮出水面，从此我再也不敢讨厌仓鼠了。

橡 皮 泥

吕 韧

012

曾经，一页页浏览着自己斑斓的梦，才发现，理想仅是一个奋斗的高度，憧憬只是内心最美的单纯。而对与错，正义与邪恶，仅仅是一个衡量标准罢了。当世界换了新眼球，我仍在反复琢磨着同一个问题：生活到底是什么？

总觉得，它是有生命的，那样饱满与鲜亮，每一寸细腻的肌肤都让人的指尖充满了凉意，每一抹浓艳都直勾勾地插在我那柔软的心间。不知为何，看着它，我心中有些酸楚。呵，没办法，眼睛固执得不肯掉下一滴泪水。

我爱秋，或许是爱它的凄凉吧。有时，情绪涌上心头，总忍不住想：秋风啊，你在喊些什么？是叹人生的短暂还是哭大地的凄惨？是啊，人们都说："沧海桑田，斗转星移，物是人非，唯此情不变。"但是，人生那般茫然，每天都在反反复复地做着一些无谓的工作，不

知哪一天，世界将永远沉寂，身边的亲人，包括我自己，将一个一个莫名其妙地消失。总想不通，那些人是否去了另一个世界？在那里还有亲情吗？我害怕寂寞……

但是，橡皮泥的气息让我内心的深泉向西流去。突然由它联想到人生，一块橡皮泥是那么脆弱，但它早已得知干成硬块的命运，仍毫不犹豫地出现在这个世界上，任人怎样挤压，它仍然能黏合在一起，一遍又一遍，因为那是它身体的一部分，仅此而已。人生不也一样吗？无论经历怎样的挫败，好歹在世界上走了一遭，看见了太阳，感受到了情的温暖。人生如此妩媚，又何必畏惧死亡？只要敞开心中的窗户，一个微笑便可以融化结实的冰窟，放飞希望，才能用指尖触到阳光。世界本没有色彩，是憧憬让世间开满了粉嫩的花朵，是理想让科技的标尺骄傲地上扬，是正义为社会洗净了污点，擦出了和谐与美满！

人生的风雨也许还在吹打，但是在生活充满黑暗之时，别忘了去寻找那一个光点——爱的力量！不要担心寂寞，勇敢地去吧，因为，世界上还有许许多多的人爱着你，用双手去创造生活，不要停止。

我仍然爱着秋天，看着的是枫叶飘落的缠绵，是秋菊淡淡的清香，是不久后明媚的春光！

沧海桑田，斗转星移，物是人非，骨肉情不变，人间爱永存！

那一笔流沙，轻轻地从指尖滑过，当万物早已沉寂，唯有你，还在寂寞地流淌，抚不住似水年华。但是，人生一切美好的事物都将在我的心中留下一个个深深的烙印，直至流水的最后一次冲击。

橡皮泥的人生……

你们在，岁月安好

"背黑锅"

黄宇龙

童年是美好的，童年也是幼稚可笑的。这不，我童年时发生的一件"背黑锅"的事，说出来，你也一定认为幼稚好笑。

小时候，大姨家的表哥表妹常到我家玩。表哥喜欢踢球，常常带个球在我家院子里一个人踢来踢去；我和表妹则喜欢静静地在我的房间折纸，翻看小人书。记得有一天下午，在院子里踢球的表哥神色慌张地跑进我的房间，对我和表妹说："你们俩如果今天下午肯听我的话，我晚上给你们一人一根棒棒糖。""行，现在就给！"我俩不假思索地答应了，希望他现在就给。"不行，必须等你妈妈晚上回家后给。"表哥坚定地说。后来表哥又啰哩啰唆地讲了一气，而我由于想着棒棒糖只记住了"你们俩如果今天下午肯替我背个黑锅，我晚上给你们棒棒糖"这句话。

我们拉了拉钩，表哥就出去了，我便寻思着"背黑锅"的事。"不就是背一口黑锅吗？也就是一下午嘛！晚上就可以得到棒棒糖了。"我心里很高兴。"到哪儿弄口黑锅呢？"我又犯起愁来。"做饭的锅不是黑色的吗？"我拉着表妹赶紧来到厨房，灶上架着的那口不大不小的黑锅正合我意。"没有绳子怎么背呢？"我寻思着。"妈妈的跳绳不是很好吗？"我灵机一动找来跳绳，并让表妹帮忙，黑锅终于被我背在背上了。

　　"是谁把花盆弄坏了？"忽然听到妈妈在院子里吵嚷。我和表妹赶紧从屋里跑出来——妈妈心爱的一盆花开花了。"不是我！""不是我！"我和表妹几乎异口同声地说。"黄宇龙，你过来。"我忐忑不安地来到妈妈面前——虽然不是我弄坏的，可妈妈怀疑我啊。妈妈用好奇的眼神上下打量着我，又让我转了个方向，"你这是干什么？"妈妈问。噢！原来妈妈不是过问花盆的事。"表哥让我下午背黑锅，晚上给我们棒棒糖。"妈妈听了我的解释后，皱了皱眉，愣了一下。"是的，小姨，哥哥是这样说的。"妈妈听了表妹补充，顿了一会儿，哈哈地大笑起来，笑得眼泪流了出来，而我和表妹面面相觑。"傻孩子，不背了！妈妈现在就给你们拿棒棒糖去。晚上我找你哥哥算账。"边说边帮我取下那口黑锅。

　　哎，好笑吗？那时的我多么幼稚啊！

015

"楚汉争霸"王者归来

吴　卿

　　激烈的象棋比赛开始了！

　　第一轮，同桌之战。一声令下，交战双方便拉开架势，课桌成了战场。我的同桌张振辰一副胸有成竹的模样，让人感到一股杀气，好像随时都能置我于死地。"狭路相逢勇者胜"，我毫不畏惧，奋力拼杀。由于实力相当，我俩苦苦僵持。不能再耗下去了，我的头脑中渐渐浮现出一个取胜的方法，但也是一个极度危险的方法——移"车"、丢"车"、吃"象"。成者为王，败者为寇，成败在此一举，就看"敌方"如何应对了。如我所愿，他把"象"落了下来，吃了我的"车"。螳螂捕蝉，黄雀在后，殊不知我的"炮"已经在虎视眈眈了。我说了声："将军！"他这才恍然大悟，摇头晃脑地感慨道："一招不慎，满盘皆输呀！"可为时已晚。

第二轮，对手是樊飞扬。尽管她在开战前就谦虚地向我声明，技术不行，第一轮战胜对手纯属侥幸。但根据我多年的经验，女生都过分谦虚，千万不能被她们的话迷惑导致"大意失荆州"。所以我步步为营，采用了最为老套的双炮将军，于是顺利地拿下了第二局。

就这样，我过五关斩六将，终于晋级决赛。我决定全力以赴，一举夺冠。对手是解凯沣，真不知这匹黑马会有什么厉害的招式！我心里既紧张又兴奋。果不其然，开战不久对手就给了我一个下马威，让我感到劲敌当前，不能掉以轻心。我使出浑身解数，深思熟虑，一步步地反败为胜，最终成为我们班的"霸王"。台下响起热烈的掌声，我激动无比，宛如凯旋的将军接受着士兵们的拥戴。

生病"调味盒"

李谕贤

人的一生有各种"调味盒"，有酸，有甜，有苦，有辣……我就有许多"调味盒"，其中有一盒是非常特别的——生病"调味盒"。

生病也有酸甜苦辣？当然啦！这不，不幸的我因为空调、炸鸡腿、电风扇这几位"杀手"不断地损耗我的身体，再加上本人内部"兵马"不足，不到三天，便被攻得七零八落，一下子就到了39度高烧。"杀手们"在大本营——喉咙里过于猖狂，导致本人到医院挨了皮肉之苦——打针啦！可不见好转，我一下子从一个精神焕发的小伙子变成了一个老态龙钟的爷爷，咳嗽不止，喉咙火辣辣的——这就是辣！

在被袭击的第三天，"杀手们"依旧在我体内"吟诗作对"，无奈之下，医生和爸妈出动了"撒手锏"——打点滴。"My God！人生太悲哀，现实太残酷！"打了三天点滴后，体温依然"站如一棵松"。医生这时又建议拍X光片，不拍不知道，一拍吓一跳：原来因为发烧、咳嗽不止，引起扁桃体发炎、肿大，最终造成了——肺炎！医生当即对症下药，十天的点滴是免不了啦。"神啊！救救我吧！"——这就是苦！

017

"啊！"我应声倒在病床上，由老爸老妈二人轮流照顾，在第八天，爸妈的精神状态明显疲软下来了，妈妈累得睡意难忍，但为了儿子，坚持！爸爸整天为我送饭，这个"大胖1号"一下子瘦了六斤。听说我生病了，外公、外婆、爷爷、舅舅、阿姨……一个个马不停蹄地赶来帮忙照顾我。巧红阿姨还特地送来了燕窝给我调养身体呢！看见眼前这种情景，一股暖流直沁肺腑——这就是甜！

"Yes！"在老爸老妈的精心照料下，第十四天，我这个"老病号"光荣出院了，我们告别了"病友"回到家中。我看着疲惫的妈妈，消瘦的爸爸……鼻子一酸，流下了眼泪——这就是酸！

怎样？生活中其实还有许许多多的"调味盒"，只是它们藏了起来，等着我们去发现。

沟　通

赵芯妙

我们生活在同一个地球，人与人之间关系亲密，那么沟通就显得弥足珍贵。如果没有沟通，这个世界就充满了争吵；如果没有沟通，这个世界就充满了无情；如果没有沟通，这个世界就会缺少欢笑和幸福。这一次，我没有用语言来和一个人沟通，而是用简简单单的手势、笔、纸。

一个周末，我在门市玩，中午刚吃完饭，就有两位比较特殊的顾客来到了我们店，只见那位婆婆拿着一个小包，走到一个凳子旁边，把它拿出来打量了一番后，拍了一下凳子，我基本懂了她的意思，但并不知道她为什么不说话。我说十二块，她指了一下耳朵和嘴巴然后摇了摇手，这时我才知道她听不见也说不出。怎样告诉她是十二块呢？有了！我用手比出了一和二，但是我又觉得她会不会看成二十一？我换了一种方式与她沟通，我在纸上写十二块，给她看后，她边点头边把本子放在桌上，她想了想，拿起笔在纸上写：价格能再低些吗？我接过笔在纸上写十一，再在后面写，这是最低价格了。她再次打量了一下凳子，然后取出了十把。我感觉她还要写什么便把笔和纸给了她，她在上面写了：拿干净的。我明白了意思，就让库房拿了十把下来，婆婆付了钱之后，和老伴儿消失在我们的视线中。

我在妈妈门市上还是第一次和聋哑人打交道，这一次的交易是一次独特的交易，是一次特殊的交易，是我第一次通过手和笔纸来做的交易，是我第一次运用一种特殊的方法来与一个人交易。

　　这一次交易不到十分钟，但让我明白，人的沟通方法不只有语言，还有手势、笔和纸。人与人之间，沟通确实重要。请记住，除了语言沟通，还有别的更亲近的沟通方式，大家不妨试一试，那我们之间的关系会更亲近！

风华绝代叹月季

王紫萱

019

　　二月匆匆走过，风儿吹醒了三月，裹挟着寒意和暖流，春的气息渐近渐浓。月季在风中含笑。

　　虽说春已经在飞往人间的路上了，可冬天还不曾离开呢。月季，你只剩下了那一根根枝条。但，是否你的姿韵就少了几分？不，看哪！一根根、一丛丛、一簇簇，它们屹立在寒风中，俨然一尊尊塑像！你死亡了吗？不，你在期盼，在酝酿，在荒芜中兀自呼吸。

　　哦？枝条上怎么冒出些许暗红？它们有些鼓，小小的，有几分像花苞，但不会是。哦，月季，我分明感受到了你生长的强劲力量。

　　四月初，花儿们都盛开了，如一枚枚珍宝一般，夺人眼球。可月季此时才探出了些许花骨朵。深粉、暗红、紫红……多姿的蓓蕾引人遐思：开出的花儿会是何等鲜艳啊！

四月中旬，不负众望，你终于绽放出了一朵又一朵硕大娇嫩的花朵。看啊！你的面庞是多么精致可人！你的容颜是何等清美绝伦！红色的好似火焰，热烈而绚烂；白色的宛如雪花，纯净而烂漫；粉色的好像朝霞，娇羞而迷人；紫色的犹如紫宝石，高贵而优雅……如火如荼，你诠释着骄傲。

你如此肆无忌惮，天地作舞台，你艳压群芳，纵情独舞。那别的花儿，是伴舞，是陪衬，甚至是观众。你奏响了一曲美妙的交响乐！

秋末，曲终，花谢，你仍是那般无畏地投入风的怀抱，随风飘扬。风散了，土地洒满了玉屑，让人怜惜。随土化去，好"化作春泥更护花"吧！落花成冢，何等绝美！月季，你应该微笑了吧！

雪盖住了枝条，却盖不住寂寞。枯枝孕育着来年的繁华，酿造着明天的微笑。

春花秋月，一年一年的轮回中月季含笑远去，留给我们的，只有无尽的依恋。

豆 芽 菜

陈绪捷

隔壁院子里搬来一户新邻居———对租住的母女。女孩儿和我年龄相仿，自然引起我的关注。她个头挺高，显得有些清瘦，脸庞写满了"俊秀"。她和我在同一个年级读书，我们经常在上学、放学时相遇。一来二去，我和她便熟悉了起来。

从交谈中得知，她的父亲因病去世了，她和母亲相依为命。她不幸的身世，让我对她产生些许怜悯。最让我疑惑的是她家摆在院子里的几口大缸。她告诉我，那是她母亲用来做豆芽菜的。

每天，她的母亲天不亮就要出摊卖豆芽菜，她自然也起得很早，帮母亲操持。有时候，母亲要在市场里卖上一整天菜，她就得做好饭菜给母亲送去。

渐渐地，在和她的交往中，我熟悉了豆芽菜的制作过程：先选好豆子，倒入大缸中，往缸内注上水，水要没过豆子。豆子充分浸泡几天后，再把浸泡过的豆子倒入草袋中封闭起来，不定期地给草袋洒些水，保持适宜的温度和湿度。用不了一两天，这些豆子便都发芽了。这时，打开草袋，洁白、修长的豆芽便呈现在眼前，是那么惹人喜爱！豆芽菜可真神奇！它们是那么普通，毫不起眼，但只要有水的滋润，它们便能发芽、生长，健康向上。女孩儿帮母亲做豆芽也是那么娴熟，我曾调侃地称呼她为"小豆芽"，她欣然接受了！

放寒假了，瑞雪如期而至，兴奋的我想约上"小豆芽"去"踏雪寻梅"。她的母亲告诉我她在菜市场帮忙，我便去找她。菜市场实际上是一条不长的街道，由于卖菜的齐聚，日久天长便形成了一个简易的露天市场。我在人群中穿梭寻觅，终于在两筐豆芽菜边见到了"小豆芽"的身影。飘雪的早晨，"小豆芽"更显单薄。她低着头蹲在地上，一只手拿着一本书，一只手挡住飘落的雪花，不让雪花落在书上。雪花落在她的发际，她却浑然不觉。周围的世界像是凝固了的画卷，只有她才是灵动的。那两筐被薄雪覆盖的豆芽菜越发显得洁白、耀眼。

我不禁怔住了：好一棵顶风傲雪的豆芽菜！此时，雪更大了，风更紧了……那顽强的豆芽菜正迎着风雪茁壮成长！

超级无敌洗脚大师

郭晓玲

树的幸福，在于以翠绿点染土地，净化空气，保持水土，给世界以绿荫和果实；桥的幸福，在于连接了道路，日夜倾听喇叭声、车铃声和脚步声的生活出行交响曲；蚕的幸福，在于吐出洁白的丝，给世界留下一片光洁和华丽……我的幸福是尽自己所能，给爸爸妈妈带来欢乐。

说到我的爸爸呀，他可是闻名全家的"臭脚大仙"。每次，爸爸脱掉皮鞋进屋时，那双臭脚散发的气味便似火箭流星般以迅雷不及掩耳之势充满整个屋子。

父亲节那天晚上，爸爸一回到家，我就请他在客厅沙发上坐下。我跑到洗手间，往洗脚盆里倒了大半瓶开水，再加入一些凉水，用手试了一下水温，不烫不凉，刚好！我小心翼翼地把洗脚盆端到爸爸跟前，爸爸看了我一眼，眼里尽是疑问。我微微一笑，俯下身子，一股臭气扑进我的鼻孔。顾不上捂鼻子，我迅速脱掉爸爸的袜子，让那双"千年臭脚"伸进水中。

"爸爸，平常你出去洗一回脚就要花上一百多元，今天我就给你来一次免费的洗脚吧！"

"好呀，看看我的小宝贝怎么帮我洗脚！"爸爸说着，小胡子愉快地颤动，眼睛里闪烁着快乐。

　　"下面是见证奇迹的时刻，你就睁大双眼吧！"我边说边抬起爸爸泡过水的双脚，用右手掌心搓起脚面来。搓完脚面，就该搓脚趾缝了。脚趾之间的缝儿，那可是污垢的最佳"藏身之处"！我把右手食指插入爸爸的大脚趾和食趾之间的缝儿来回搓，几条细长的污垢跑了出来。我伸出舌头，冲爸爸嚷道："爸爸，好脏哟！"爸爸笑而不语，靠在沙发上乐得像个太上皇似的。我埋头用食指搓起了食趾和中趾缝儿。爸爸笑道："好舒服啊！"我听了，搓得更加起劲了。就这么一个趾缝一个趾缝地搓呀搓，我这才发现趾头那么多，趾缝也那么多！

　　攻克了趾缝这一大"难关"，这下该洗脚踝骨旁了！要知道，此处"盛产"污垢。我将右手食指和中指并拢在一起，使劲儿搓，搓，搓。费了九牛二虎之力，污垢滚滚而出，纷纷浮到水面上了。爸爸摸摸我的头，称赞道："好样的，不怕脏，不嫌臭，凡事都能入手，这样一定能做成事。"听了爸爸的表扬，我搓得更起劲儿了。

　　搓呀搓，洗呀洗，我换上干净的温水，再将爸爸的双脚摸了个遍，用毛巾一一擦去脚上的水珠，凑近闻了闻，脚上没有臭气了。抬头看爸爸，他脸上的每一条皱纹都荡漾着欢乐。

　　我兴奋不已，赶紧向妈妈报告了这一喜讯。妈妈听了，禁不住也乐了："孩子，啥时也帮我洗洗脚，让我享受享受？"

　　"超级无敌洗脚大师随时恭候您来洗脚！"我笑道。妈妈笑逐颜开，双眼里绽放出快乐的亮光。

　　看着妈妈的笑脸，我突然想到了梳妆台上的香水。对了，我要让爸爸的脚变香起来。我拿来香水，将爸爸的脚喷了个遍。"啊，好香啊——"我沾沾自喜地说道，引得爸爸妈妈哈哈大笑。

　　爸爸竖起大拇指，夸奖我不愧是"超级无敌洗脚大师"！我呀，心里自然是喜盈盈，乐洋洋，如同阳春三月里盛开的鲜花。

为爸爸洗洗脚，为妈妈捶捶背，为奶奶端端茶，为爷爷揉揉肩……我用爱的小小行动，增添我们家的幸福指数。你呢？

离家出走记

王梦萧

夜晚的风吹在身上，有点儿冷；泪水滴在嘴唇上，有点儿咸；妈妈的话刻在心头，有点痛；"啪"的关门声回响耳畔，有点烦……这是我第一次离家出走，我永远记得那难忘的一天……

那一天晚上，家里气氛宁静和谐，一切是那么美好，可是暴风雨来临之前总是安静的。

弟弟在床上打了个滚，我身上的被子就被卷走了。一气之下我又抢了回来，弟弟从床上蹦了起来："我都盖不到了！"我穿好鞋子跑到另一间屋子，耳边传来妈妈的叫骂声："睡得好好的，到那屋干吗？要生气就到外面生气去！"我一听，心中的愤怒全涌了出来，哭着喊道："去就去，谁怕谁！"然后就冲出家门。门后又传来妈妈的叫骂声："有本事你就别回来了！"

我冲下楼，心想："好啊！我一定要你找我回来！"泪已在眼眶，我强忍住，可它还是不争气地滴在手上。外面，风吹在皮肤上，鸡皮疙瘩已经探出了头。明天，我将如何过？今晚，我将如何睡？是露宿街头，还是回家？不，我不回家，我不能让妈妈把我看扁！

话是这么说，可是我现在要干什么呢？坐在外面的台阶上，心里一直在想：我一定要让妈妈向我认错！想着想着，泪珠又落了下来。路人用异样的目光看着我，让我心里更加难过了。

坐了一会儿，我决定到市场里绕圈子，绕了一圈又一圈，有好几次我都想回心转意，可一想到以后怎么面对弟弟，还是没有回去。

突然，我看到了一个熟悉的轮廓用熟悉的声音喊着我熟悉的名字："梦萧……"我没有一丝犹豫立马答应了，之前的愤怒、委屈、倔强也随之消失无踪。

妈妈一把抓住我，叫道："你跑到哪里去了？"我不吱声。这埋怨的话语在这时听起来，是那么温柔，那么亲切，那么动听。我又突然发觉，我是那么的想见到她，那么的想听到她的声音……

这次难忘的离家出走是第一次，我想也是最后一次，因为我永远也不会离开我那温暖的家了！永远，永远……

带橘香远行

陈家旺

萦绕耳边的风铃声丁零丁零，串串风铃随风飘荡，伴着家乡的味道，飘在遥远的天空里。多久没有听到这串动听的铃音了，似乎是在久远的梦里吧。坐上车儿，一路疾驰，快快回到梦中的家乡吧，听，那是童年银铃般的欢笑声；看，那是小伙伴在一起快乐地做游戏；瞧，跟风儿比赛，在屋前屋后的草地里尽情奔跑。慢慢长大，家乡的印迹越来越模糊，遥远得只剩下了影子。随风奔跑的少年耳中，依然回响着丁零丁零的风铃声。

一年级起，我就随爸爸远离家乡在山西阳城上学，五年了，家乡的记忆日渐模糊……

今年暑假，我和爸爸终于回到了阔别多年的老家——江苏，一切都是那么亲切。汽车缓缓驶进乡村，越过小桥，停在了家门前。进门的那一瞬间，我就被一股清香吸引住了。循"香"望去，院墙旁那棵橘树已长得郁郁葱葱，叶丛中挂满了青绿色的小橘子，宛如一个个淘气的娃娃。微风吹来，橘娃娃轻轻摆动，仿佛在和我打招呼呢："你好！你好！欢迎回家！"我连忙跑到树下，轻轻地闭上眼睛，深呼吸，把橘树给仔仔细细地闻了个遍，不敢漏半点儿地方。真香！这株橘树像喷了香水一样。哦不！比香水还要香上几百倍几千倍。我情不自禁地陶醉在这橘香中了，久久不愿离去。

第二天，我又一次跑到橘树下，看着橘树上又大又圆的橘子，我越闻越觉得橘子在对我笑，笑得那么灿烂。我踮起脚尖捧住一颗橘子，把它贴在脸上，清清凉凉的，虽然有些粗糙，但我很喜欢。它那粗糙的感觉，让我想起了一双给我洗衣做饭但已经粗糙了的手，那是妈妈的手！

之后的几天里，我每天都要站在橘树下，捧一颗橘子放在我脸旁贴一贴、闻一闻。一天天看着橘子长大、成熟……

不知不觉一个月过去了，我又要离开家乡到异地去上学了，但我好舍不得院中的橘树。为了把我心爱的橘树永远留在心中，我小心翼翼地从橘树上摘下一个还未成熟的橘子，用彩色卡纸包好，放进书包里。我希望那迷人的橘子没有怪我把它摘下，因为我要带它远行。

此刻，那股淡淡的橘香正在我的书包中飘溢着……

听，乡村的声音

徐 晨

"哗哗哗"，接着，是耳语般的"沙沙沙"，仿佛是无数把柔软的刷子，刷去了乡村的尘埃。直到太阳从云里出来了，雨才止住。空气更加清新，还带着淡淡的花香。

听，农家院子的声音。"簌簌簌"，早开的桂花从高大的桂花树上飘然而下，跳着金黄的舞蹈。水珠在油脂般的叶子上面打着转儿，时不时滴下来，"啪、啪、啪啪"，仿佛在为落花的舞蹈打着节奏。"呼噜噜——呼噜噜"，猪圈里传来了一阵又一阵的打鼾声，小猪睡得正香甜，丝毫没有被刚才那阵雨打扰。

听，池塘那边的声音。荷叶差不多只剩下一根根杆子，孤零零地插在水里。水珠顺着杆子，滑一段，再猛地跌落水中，漾起一圈圈涟漪，"叮咚"声也荡漾开来。整个池塘像个水帘洞，"滴答""啪嗒""叮咚"声此起彼伏，如同一曲水的歌谣，进入我的心田，让我感受到了雨后乡村的寂静。

沿着河滩走，"嘎嘎嘎"，那是白鹅唱响的欢迎曲。起先是一只白鹅，扯着嗓子，"嘎嘎嘎"乱叫一通，仿佛是演唱前的练声。接着，由一只白鹅先唱一句，另一只白鹅紧随其后，对唱拉开帷幕。最后，一群白鹅来了个齐声大合唱。"呱呱呱"，这声音不和谐地

你们在，岁月安好

掺和进来。呦！这儿还有鸭子呢！我没有拨开芦苇，只站着静听。"呱——""呱呱呱——呱呱——"你听，还有一群呢！它们一定是在争先恐后地啄着淤泥下的螺蛳，横冲直撞，相互挤碰，好像急着去赶集一般。

远处，一只鸟儿开始鸣叫起来，"滴溜滴溜"，仿佛在歌唱生命的美好。其他鸟儿也开始调皮地起哄。树上一下子热闹得像过节一般，"啾啾"，"滴溜"，"叽叽喳喳"……听，乡村的声音多么自然，多么美妙！这是一场免费的音乐会，却比票价不菲的音乐会更动听。假如你有兴趣，我愿带着你一起去赶赴这场听觉的盛宴！

深 夜 蛙 鸣

叶淑燕

时光断出的层面，被地壳凝成永恒。那些散落了的花朵，所有的歌声都在一瞬间失去了光泽。阳光依旧温暖，进入血液，记忆之橹，摇回到了那段静好的岁月……

我家后边，有一面荷塘。塘中水波粼粼，水面上漂浮着朵朵残荷，仿佛落花片片，别有一番诗情画意。

这个荷塘如一位邻居，给我们家增添了不少乐趣。闲暇时，注目凝望，也能让自己的心瞬间如池水般清澈平和。所以，我们一家人都很珍视这位"邻居"，这样宁静致远的意境来之不易。

然而，这段日子里，一群"不速之客"却打破了这份宁静。它们只在夜间出现，"呱呱"地叫，扰人清梦。妈妈的睡眠本来就不好，这群青蛙来了之后，妈妈更是被吵得彻夜难眠。早晨起床时，她那双本就疲惫不堪的双眼显得愈发浮肿，眼球中，还带着微微的红血丝，整张脸写满了疲惫，做什么事都显得有气无力。

这一切，我都看在眼里。心中，也暗暗做了决定。

这天深夜，青蛙依然在荷塘里高声歌唱，不亦乐乎。我蹑手蹑脚地走出房间，抓起一根长杆，悄悄地来到了荷塘边。

夜，很深了，漆黑的天幕上零星地闪烁着几颗星星。远处，"沙沙"的树叶拂动声清晰可辨。我依靠着这微弱的月光，顺着青蛙的鸣叫声，寻找它们的踪迹。

我挥舞着手中的长杆，将一只只青蛙驱赶开来。受到惊吓的青蛙们连忙逃到别处，鸣叫声也渐渐消失了。我松了一口气。这下，妈妈可以睡个好觉了。

此后，每个夜晚，我都会在夜幕降临后悄悄来到荷塘边，将成群的青蛙驱赶开来。而妈妈也越来越有精神了。

然而，白天我在课堂上打哈欠的次数越来越频繁，上下眼皮也总在打架，只觉疲困之意日渐加重。老师给妈妈打了电话，反映了我最近的学习状态。

妈妈大失所望："你怎么就那么不让我省心呢？太不懂事，太不理解我的良苦用心了！"

妈妈对我渐渐冷淡了，我心中却开始挣扎：我还应不应该那么做？

深夜，想到妈妈那疲惫的神情，我忍不住再次来到了池塘边……我举起手中的长杆，对准了鸣叫的青蛙敲打下去，青蛙见势不妙，以电光石火的速度逃开了，手中的长杆重重敲打在了坚硬的石头上，发出了巨大的声响。随着这声响，身后隐隐传来脚步声。

我忙回头张望，只见妈妈热泪盈眶，站在我身后。她一把将我抱进怀里，轻轻地，摩挲着我的头……

池塘中，残荷静静地，吐露馥香……

我要独自长大的空间

王曦元

时光飞逝，自从我呱呱坠地以来，地球已经在太阳系的轨道奔驰了快十一圈了。在这十多年的时间里，我从婴儿成为儿童，又从儿童变为少年，正在为着又一次人生最重要的变化储备能量。而在这期间，我也从懵懵懂懂、不明事理变得中规中矩，又变得有些张扬，性格也发生了一些变化。我总觉得我是大孩子了，但是父母还以为我是六七岁的小孩子，老是要帮我做一些我已经能独立做成的事情，或者让我做一些并不是我想要的事情。为此，我感到有些苦恼，感到不自在。

举个例子吧，一天早上，早已学会了自己洗漱的我伸了个懒腰，翻身下床，向洗手间走去。突然，老爸一把将我拉住，我像囚犯一样被"押往"卫生间。哎，他总是嫌我动作太慢总是要帮我洗！老爸拧开水龙头，"唰"地将冷水抹到我脸上。"啊！"我大叫起来，一下子从迷迷糊糊的状态下清醒过来，急忙闭上眼睛，不到五秒钟，又是一下。这样"暴洗"三四下后，老爸又拿起香皂在我脸上狂擦，撩起水向我脸上抹去。"啊——"香皂泡钻进了鼻孔里，我的鼻子里立刻泛起一股难受的感觉，真想打个喷嚏啊！老爸这时又抓起毛巾，在我脸上狠劲抹了两下，把我的喷嚏也弄了回去。这"酷刑"般的洗漱才算结束。我挣开老爸的手，三步并作两步，"逃"出了洗手间。哎，明明我自己能洗干净的，非要给我洗，还洗得这么野蛮，真是讨厌啊！

还有一次，我在妈妈办公室写作业，一时思路有些不通，便想找件事情做做，顺便梳理一下我的思路。

我举目四望，"妈妈，那张桌子上全部是水。"我说道，"要不，我来擦一下吧！"

"不用，你先做你的作业。"妈妈回答，正准备站起来的我有些不甘心地又坐了下来。

过了几分钟，妈妈突然问道："你的第三本每日感言呢？我来帮你打作文吧！"

"我自己打。"

"小孩子用什么电脑？你快去找来，赶快写你的作业！"

真倒霉，电脑不让碰，成天就是快点儿写作业！还得让我找东西！要知道，找东西是我最不擅长、最讨厌的差事之一！脑中的思绪要被打断，必须集中精力，要是我半天找不到，或者把东西弄得乱七八糟，妈妈不免又要说我几句！可以说，让我清理上十次厨房，也比找一次东西好！

我迅速打开书包，在里面翻了一下，但是没有！我又来到妈妈办公桌前，终于找到了！我将它递给妈妈，喔，还好！不用被骂了！正要走，却又被老妈截住："等等，给这个'美食美客'打电话，订几份饭。"我刚回头，妈妈已经把手机和一张写满团购密码的纸放在我手里了。

唉！这是我最不愿意干的事情，尤其在这个时候。很显然，这时候的反抗似乎是没有用的，我只好拨打了电话。虽然不到几分钟，但是好像过了几个世纪，总算订好了饭。我放下电话，走向写字台，开始重新厘清我的思绪，而妈妈的唠叨又开始了，说我不够礼貌啦，声音不够清楚，鼻音太重了……

哎呀，爸爸妈妈，我知道你们也是为我好，也想培养和锻炼我。但是我现在也长大了，有安排事情的能力了，有些事情你们完全可以让我自己安排。希望你们多多相信我，多多给我独自长大的空间，好吗?

跨过这条河

　　茶香袅袅，在手边盘旋飞舞成撒哈拉的图腾。应该是这样一个下午，喜欢上那个本名陈平的女子，和她笔下这样一套如她的人般简单清澈的书。

斗　蛋

周同绘

　　今天下午第二节课，我班举行了一场特殊的比赛——"斗蛋"，同学们可高兴了！瞧，斗蛋比赛开始了。

　　同学们先各自把自己的鸡蛋好好打扮了一番，过了一会儿，老师宣布：同桌先开始斗蛋。还没等老师说完，同学们就急着开始了。

　　我和同桌拿着蛋，傻傻地把蛋放在桌上滚来滚去，不知如何是好。后来同桌的胆子渐渐大了，他开始用他的蛋撞击我的蛋，可我还是不敢撞，生怕我的蛋会被撞碎。但他一直说："快点儿呀！你怕了吗？"无奈，我只好拿起自己的鸡蛋朝他的蛋猛地一撞，只听"啪"的一声，我的手上已有了蛋黄，我以为是自己的蛋碎了，可一找，没有一条缝儿。再一瞧同桌手里的蛋，只见他的蛋破了一个洞，蛋液正在往外流呢，他惭愧地笑了笑，急忙擦去蛋黄。

　　四人斗蛋和小组比赛也很激烈呢！可最精彩的要属冠、亚、季军的争夺战。看呀，他们分别是第一组的董晟、第二组的杨胜、第四组的张哲涵和我们组的蒋单。先是董晟和杨胜比赛，杨胜主动发起了进攻，只听"叭嚓"一声，他的蛋粉身碎骨了。接着是董晟和张哲涵的比赛，张哲涵不停地攻击着，董晟的蛋经不起一而再、再而三的攻击，终于退场了。最精彩的要数蒋单和张哲涵的决赛了。只见蒋单异常紧张，眼睛瞪得特别大，注视着手中的鸡蛋，好像随时准备进攻，张哲涵却轻松地笑着，一副势在必得的样子。这时蒋单先发起了进攻，他小心翼翼地拿着鸡蛋击打着对手的鸡蛋，大家见他的模样都开心地笑了。张哲涵不耐烦了，拿着自己的鸡蛋撞去，"叭"！蒋单的鸡蛋"脑浆迸裂"，蒋单不知所措，盯着手中的鸡蛋，很是心疼。而张哲涵在一旁却早已笑得合不拢嘴了，大家"啪啪啪"地为他鼓起了掌。

这次比赛，虽然我没有取得胜利，但我觉得这样的比赛还真挺有意思的。

叫 卖 声 声

黄华星

035

那是一个星期二上午的第三节课，我们班上了一堂别开生面的口语交际课，内容是"购物讲价"。

老师先让我们第一组和第三组的同学当"店主"，把书包里的课本、文具统统摆到桌上，第二组和第四组的同学则模拟"顾客"。当老师喊开始的时候，同学们便纷纷行动起来。顿时，整个教室沸腾了，吆喝声、讨价还价声此起彼伏，不绝于耳。

我和同桌剑华不知道怎样招揽"顾客"，站在旁边傻笑。过了一会儿，还是没有人光顾我们的"商店"，而周围几家"商店"的生意却十分红火。我想，再不快点儿找"顾客"，我们连一分钱都赚不到了。

忽然，我看见伟明同学向我们这边走来，连忙迎上前去，笑着说："欢迎光临！"也许是盛情难却吧，伟明跟着我走进了"店里"。他左看右看，相中了一支水笔，便问了价钱。我说："这水笔一支三元钱。""太贵了！"伟明摇摇头便走到其他同学开的"店"里。唉！我们的第一笔生意就这样泡汤了，我和同桌剑华无可奈何地叹着气。"请问这瓶修正液怎么卖？"等了许久，又一笔生意上门了。同桌剑华连忙说："这瓶修正液质量可是上等的，本来卖两元钱，你是我的老同学，就算你便宜点，一元五角，怎么样，想不想买？""顾客"辉敏同学一听，动心了，踌躇了一下，掏钱买下了那瓶修正液。我和剑华高兴得合不拢嘴，再看看邻桌伟超同学，跷着二郎腿，活脱脱一个"大老板"。过了一会儿，来了几位"顾客"，伟超不知使了什么招数，那些"顾客"居然掏钱买下了他的刀子、橡皮擦、尺子等，我羡慕极了……

第二轮模拟开始了。这回角色调换了一下，我们一、三组当顾客，他们二、四组当卖主。"开始！"刘老师一声令下，顿时，教室里像菜市场一样，热闹非凡。我走了一圈，然后走到一家店里，一支漂亮的自动铅笔吸引了我。金黄色的笔杆，上面还有一个盖子呢！我问老板："这支笔怎么卖呀？""一支五元！"老板笑着答道。我一听，差点儿晕过去："天呀，这……这不是敲诈吗？一支自动铅笔五元钱？"果断去其他店里看看。我来到第二家，想不到这家商店也有那样的自动笔，我惊喜地问了价钱。店主说："非常便宜，一支两元！"啊！这么便宜，我简直不敢相信自己的耳朵，连忙又问了一遍，店主郑重其事地说："没错，是两元钱呀！""一元五角，怎么样？"店主犹豫了一下，说："看在老同学的面子上，就便宜一点儿卖给你吧！"……

"丁零零……"下课铃响了，这堂口语交际课在欢乐的气氛中结束了。我既学会了做生意的诀窍，又懂得了购物时"货比三家不吃亏"的道理，真是受益匪浅啊！

妈妈的"手段"

周芷澜

童年的趣事，就像沙滩上那一枚枚的贝壳，在海水的抚摸下闪闪发光。如今我手中的这枚闪亮的贝壳，也正是我的童年趣事，而妈妈，就是那温柔而又聪明的海水。

小时候的我，特别讨厌吃饭。有一天，为了庆祝节日，妈妈烧了一桌丰盛的晚餐，站在餐桌前大喊了一声："吃饭了！"看着桌上那一盘盘色味俱佳的菜肴，我却磨磨蹭蹭地不肯去。为了避免吃饭，我拿出了我的绝招——哭。我一屁股坐在椅子上，大哭大闹。妈妈将我抱进房间里，拍拍我说："好了，乖，吃一点儿好吗？"我歪过头去又哭起来，妈妈又拿出我一直想要吃的糖说："吃一点儿饭，我就把这些糖全给你！"我一下子停止了哭声，思考了一小会儿，决定不妥协。

妈妈见我不吃软的，便出了一个硬招——逼。

妈妈一把将饭塞进我嘴里，以命令的口吻对我说："吃下去！"我害怕地望着她，可舌尖刚一碰到那个东西就好像碰到了一根针，我跑到垃圾桶旁将它吐了出来。妈妈没办法，很是着急，便只好拿出她的王牌——骗。

　　她放下碗，我一下子好奇起来，怎么不喂了？正当我欣喜时，妈妈好像发现了什么似的跑到窗台前，又招手，又喊："过来！"我跑上前问妈妈："妈妈，你在干什么？""叫坏蛋快来啊！不听妈妈话的小孩子，坏蛋就会把他带走。"妈妈严肃地说。我的脑海里立刻出现了一幅画面，坏蛋将小孩子带走，将他的手脚割掉，再去要钱。我一下子颤抖了两下，马上抓着妈妈大哭："不要喊了，我听话，我吃饭了！"于是，我马上抓起勺子吃起来了。

　　后来，只要我不吃饭或不听话，妈妈就用这招，我就会一下子变得乖多了。

　　童年就是这样，傻事一箩筐。妈妈在忍受我的同时，也找到了一些技巧，我就在自己的任性和妈妈的甜蜜的爱心手段下，健康地长大了……

038

我的"战友"

应寒鼎

　　球场上，急促的拍球声渲染了周围紧张的气氛。原来，这里正进行着一场激烈的篮球赛，观众们在场下大呼小叫。忽然，全场的注意力完全集中在了那个小个子——方镇的身上。方镇是我的好朋友，更是我球场上的老搭档。

　　方镇，一米四五左右，脸上长满了大大小小的痘痘，双耳几乎垂到了肩上，一双大大的眼睛，鼻子塌得厉害，又扁又大。但别看他个子不怎么起眼，在场上打起球来却一点儿都不含糊，你看，只见他连连突破得分，场下随即传来一阵又一阵的欢呼声。对手也不是吃素的，他们换上了高大中锋死盯方镇，甚至不惜连连犯规，这可把一向争强好胜的方镇给惹毛了。他狠狠按住了球，顺势冲进了内线，可这次好运没有再次降临，他脚下一滑，脚一扭，"啊呀！"方镇瘫倒在地。我立刻跑了过去，啊，伤得可真不轻！血还一直往外流，一定很疼吧！可方镇呢？他咬着牙，强忍着痛，说："我不要紧，你们继续打，少我一个，不要紧，我们还是我们！"说完还冲我们一笑。

我呆呆地望着被抬下场的方镇，怎么办？

眼看着好不容易夺取的优势一点点被对手蚕食着，方镇又一次一拐一拐地上来了，队友劝他："无非是一场比赛，看你伤成这样，就别上了，输了就输了吧！"但他依然强忍疼痛，不顾劝阻，再次投入到了比赛当中。这，便是我的好战友——方镇！

宿舍之夜

顾用峰

"呜——"随着一声哨响，宿舍里的灯熄灭了。这是我们在实践基地度过的第一个夜晚，第一次远离父母开始集体生活，内心的激动劲儿就甭提了！巡夜老师的身影刚从窗前走过，宿舍里就开始躁动不安起来。

"嘎吱嘎吱——"馋猫符思辰迫不及待地从枕边掏出早已准备好

的零食，一边津津有味地嚼着薯片，一边"唑唑——"地吸着牛奶。

那边的蔡伟杰也塞得满嘴都是，一边吃一边含糊不清地说："此时不吃，更待何时！"

一阵序曲之后，丁蔡磊和沈晓飞这对活宝就开始一唱一和了：

"沈小飞，你半夜不会'画地图'吧？"

"当然不会，我都上六年级了。你可是美术课代表，要画也得让你画呀！"

"那行，我就给你们画幅美国地图！"

"美国的领土面积可是很大的，你尿湿那么大面积，我可要遭殃了！"睡在下铺的杨旭马上开始搭讪。听着他无辜的语气，引得大家一片哄笑。

这方唱罢，那边又上台了。申鹏程突然心血来潮，一下子跳下床，说："唉，实在是睡不着，赵宇辉，咱们来'杀'一盘，怎么样？"

"这黑灯瞎火的，怎么下？"

"嘿嘿，山人自有妙计！"申鹏程不知从哪里掏出一个手电筒，晃动了两下，得意地说："雅格手电筒，结实又耐用！"

兴许是这束光柱点燃了大家的兴致，几个棋迷一下子拥到申鹏程的床上开始"厮杀"起来。一方是步步紧逼，另一方则是见招拆招，尽管手电筒的光有些微弱，但他们却已经很满足了。

"连环马！"

"隔山打牛！"

"雕虫小技，我给你来个釜底抽薪！"

……

"嘘——"就在大家战得正酣之时，不知是谁发出警报。一时间，咀嚼声、谈笑声、下棋声戛然而止。大家屏住呼吸，透过窗户向外望去，不知什么时候，值班老师的身影已经映现在了宿舍的窗户上！要知道这里实行的是军事化的管理，若真被老师逮到，那可不是闹着玩儿的。棋迷们只得屏住呼吸，悄悄回营，乖乖地闭上了眼睛……

许久之后，宿舍里响起了同学们轻轻的鼾声，可我却久久不能入眠。月亮把如水的月色撒到床边，望着这陌生的宿舍，闻着这陌生的气息，一股淡淡的惆怅不禁涌上心头……

亲爱的妈妈，温暖的小床，你们在哪里呢？唉，这还真是个不眠之夜……

一杯子，一辈子

祝子群

咦？今天的讲台上放着一张报纸，报纸上还放着三个杯子和一个塑料篮，其中一个杯子里盛满了水，另一个杯子里放满了沙子，还有一个杯子里空空如也，塑料篮里则盛满了大小不一、形态各异的鹅卵石。顾老师要干什么？

哦，原来顾老师要做实验。实验开始了，顾老师从塑料篮里取出一颗鹅卵石问大家："如果我把这颗鹅卵石放入水中，会怎么样呢？"有的同学说水会溢出来，有的同学却说水不会溢出来，因为上次顾老师做实验，一杯满满的水可以放入四十多枚硬币。只见顾老师微微一笑，说："拭目以待。"顾老师的手指一松，随着"扑哧"一声，鹅卵石随声落入水中，立刻就有两个水泡冒了出来，水从杯口溢了出来。

顾老师又取出一颗鹅卵石说："我把鹅卵石放入沙中，沙子能完全容纳下这颗鹅卵石吗？"我们异口同声地说："不能！"顾老师手一松，鹅卵石"扑"的一声落入沙中，随之有几粒沙子飞了出来。鹅卵石在沙子里留出了一个小坑，顾老师又问道："能吗？"有些同学说能，于是顾老师用力把石头往下按，许多沙子都漫了出来。

顾老师从塑料篮里抓起一大把石头，随着丁零当啷的声音，鹅卵石进入空杯里，可却只装了半杯，顾老师又抓了一大把石头放入杯中，石头从杯子里冒了出来。顾老师把杯子举了起来问："装满了吗？"有同学说装满了，也有的说没装满。顾老师问我们没装满的还能装什么，同学们用手指着沙杯说："沙子！"顾老师拿起杯子朝里面倒，沙子慢慢地进入了杯中，不一会儿就满了。老师问还能装吗？同学们说"能！"顾老师把杯子晃了晃，有一些沙子就流进了一些空隙里，老师再把沙子往里倒，终于不能倒了，又问还能吗？同学说还可以倒水，水顺着边缘流了下去。

实验结束了，我想：我们不能平平淡淡地过日子，要学会从不同的角度去看问题，要做有意义的事，享受不一样的生活，这样的日子就如那杯子，装得下我们一辈子的有趣的生活。

跨过这条河

马真真

我想那应该是个惆怅荡漾的下午，有着一个人的孤独，芳香缕缕一如三毛的笔触。茶香袅袅，在手边盘旋飞舞成撒哈拉的图腾。应该是这样一个下午，喜欢上那个本名陈平的女子，和她笔下这样一套如她的人般简单清澈的书。

喜欢《滚滚红尘》中那别样的俗世清愁，时间纵然在流逝，可蓦然回首，也只好说一无所有；喜欢《撒哈拉的故事》中那朴素悲欢离合，小小一方天地，漠漠黄沙里却绽放天堂鸟般璀璨的感动；喜欢《稻草人》里绝世调侃幽默，成长似乎不过油画一幅，浓墨一泼就挥洒每一秒的泪水笑容……通读几遍后，不由仰望星空。除了《滚滚红尘》，每本都是三毛这个传奇女子的心情定格，微小又宏大，折射出她对世间百态的无奈和痛苦。

沙漠，似乎是落后与无知的代名词，又仿佛是自古以来就深深萦绕的寂寞。是聚集着游牧部落，是探险家的乐园，是狂风怒号漫天黄沙，是一坡一坡绵亘不断沙丘后万丈的夕色。

每个人对巴黎，对纽约，对伦敦，对香港，对每个怒放着人类文明之花的繁华之地都有着说不完的向往，道不尽的梦想。可哪个人会对苍茫的荒凉之地有所追求？就算居住在那样的地方，哪个人不是迫不得已，身不由己，怨言连天，叫苦不迭？可是——弱水三千，独取一瓢饮——这个美丽如沙漠的女子，和她的丈夫，那个大胡子荷西，一起慢慢把小小陋室建成沙漠中的一方天堂。

读过她的书，心里莫名地盛开深深的悲戚。结婚礼物不想戒指宁要骆驼头骨，家里沙发板是千辛万苦觅回的棺木，除了她，又会有谁会有这样"古怪"的举动？

读过她的书，心里突然地洋溢重重的恍惚。一模一样的思想，一模一样的内容，那每一句思考，每一句忧愁，可不是曾半字不改地敲打在我心中？不由想：你可是我的前世，我可是你的今生？

手上的《流星雨》翻到了最后一页，嗓子突然就有些酸疼。有点儿像此时眼眶里的氤氲，重重地扼住思绪却不能自主。如今的生活人们已经和自然狠狠划开光年的距离，再也无心去看朝阳日暮。我想我也许终有一天会跨过这条河，走回星光下和青草中，不再难过地呼吁着"返璞归真"这苍白的口号，而是抚着天堂鸟帮你谱完这千秋遗梦……

奶奶的电话

温凯婷

叔叔远赴上海进修一年，这回奶奶的心可牵挂得远了。除了收听上海的天气预报，她还常常守在电话旁发呆。

电话安安静静的，奶奶的心可急了，坐立不安地围着电话转。我说："奶奶你别晃了，晃得我眼睛都花了。要想叔叔就给他打个电话呗。"奶奶叹了口气："我一早起来就想拨个电话了，可想到你叔叔那会儿正赶着上班呢，怕耽误了他的时间。"我说："那中午打个电话不好吗？""不好，不好。你叔叔在单位正忙着哩，别打扰他了。"我不甘心了："那下午六点多打总行了吧？""你也不用脑子想想，那会儿你叔叔刚下班，又要买菜，又要做饭，忙得哪儿有说话的空儿。"被奶奶抢白一顿的我没好气地说："得了，你就晚上十点再打电话吧。"结果奶奶又狠狠地瞪我一眼："瞧你，多不懂事。晚上十点多了，他累了一天，干吗不让他早点儿休息，偏要干扰他！""你……"我说不出话来。

我偷偷把奶奶的心意转告了叔叔。叔叔感动得哽咽了："妈妈给我打电话还要看我方不方便呢，我却只顾自己的事情，这么长时间也没打一次电话，以后我得常给家里打电话了。"我故意挖苦叔叔说："只要是你的电话，什么时候打来，奶奶准会去接。哪怕她正在吃饭也会搁下饭碗，正准备睡了也会重新起来。"叔叔愧疚地说："父母付出的永远比孩子多。"

第二天，奶奶正望着电话，"丁零零——"清脆的铃声响了，奶奶兴高采烈地拿起电话，接完电话还不忘向家人宣告："孩子，你叔叔给我来电话了，真有心。"我心里好高兴，觉得自己做了一件好事。

山里的孩子

潘孔熠

乘坐风景列车，在雨季里去触摸大自然的心跳，让我们带上心灵来一次长长的远足吧。春日的明媚、夏季的火热、秋天的清爽、冬雪的无瑕，我们一定会被大自然的风景风物的美丽所迷住。眼睛在看，耳朵在听，各种感觉器官都在感受大自然的美。大海、高山、湖泊、草原……大自然中的景观千姿百态，各有各的美丽。在大自然的美丽和壮观之下，人们总是不惜用各种优美的词语来描绘，来赞美。我们一定要当个出色的聆听者，把这些美丽叮咚叮咚地填入音符里。

黎明。

当锹镐的碰撞声再一次在青石小路上响起，村子的一天又开始了。牛羊的叫声，人们的欢笑声，都萦绕在耳畔。老一辈的人抽着旱烟，坐在田间地头；妇女们驱赶着牲畜；男人们在地里挥汗如雨。劳动，早已被这个四面环山的小村子里的人当成了一种乐趣。

在村子的一角，一头老牛"哞哞"地叫唤着，悠闲地吃着青草。这时候，打村东头迎面走来了两个胖嘟嘟的小娃娃。只见他们穿着红背心，下身则是清一色的小短裤。他们手牵着手，好不快活。其中一个小孩儿来到牛旁，三下两下便爬上了牛背，笑着招呼他的同伴。另一个小孩显得有些笨拙，怎么也爬不上去。"快……快拉我一把！"牛下的小孩儿喘着粗气说。"以后别吃这么多！"牛背上的小孩儿哈哈大笑，伸出一只手，连拉带拽地把同伴拉了上来。他们坐好了，人们才注意到牧童背上那一顶宽大的草帽。

远处，不时传来几声鸟鸣。

牛蹄叩击在通往镇里的青石小路上，发出清脆悦耳的声音。太阳升起来了，草帽戴起来了。两顶草帽的阴影下，是两张淳朴而天真的脸。

翻过南边的山头，目力所及，尽是一片绿。小草的嫩绿，树叶的碧绿，灌木的墨绿，还有风的淡绿。牛背上驮着的野山菇、蔬菜、粮食的"哗哗"声与两个稚嫩儿童的欢笑声交织在一起，形成了一首独特的交响曲。

……

傍晚，伙伴们带着一箩筐喜悦与收获满载而归。当回到村子时，家家户户早已灯火通明，只有父母在村口焦急地等待。

小村子的一天又结束了。明天，熟悉的碰撞声、牛蹄声、欢笑声又会再次响起，响在人们的心头……

白纸黑字间的柔情

蔡 宁

白纸黑字间的柔情，解开了心中的结。

——题记

　　天空阴沉沉的，我的心也在步步前行中沉得透不过气。拿出一张"沉甸甸"的练习纸，一个个刺眼的红色笔迹使我的心千疮百孔，叹口气，我拿出作业仔细完成。

047

　　夕阳被悲凉的黑色掩盖，脚步声传来。如我所料，当妈妈推开门，看到那不可思议的红色记号后，一阵暴风骤雨袭来，我早已灰暗的心被割得鲜血淋漓。一粒粒晶莹的泪珠滑过脸庞，流过嘴角，是涩的，令人心碎。不顾一切，我拿过作业，躲进房内，重重砸上房门，只想让心休息。

　　整个傍晚，我和妈妈没有说一句话，只是默默地做自己的事。该睡觉了，我拉开房门，只见从窗外投进的月光下，一封信躺在枕边。拿起信，打开灯，橘黄的灯光柔柔地洒下，白纸上一串串乌黑的道歉如些许音符，缓缓流入我的心，用那温暖的旋律一丝一丝解开紧绕的心结。一行行娟秀的字体，含着浓浓的歉意，融化了心中的冰雪。字里行间的鼓励，如道道阳光，照亮了昏暗的心灵。无尽的挫败感，被

跨过这条河

温暖的话语转变成无尽的力量……那和蔼的微笑，那温暖的疼爱，又一次次浮现在我的脑海。

一切也许都是我的不对，不该粗心，不该发脾气……妈妈只是关心我，爱我，可为什么我总是一次次伤她的心？为什么当时没有理解她满满的爱？眼中酸酸的，但没有流泪，因为心中是甜的。拿过一张白纸，纯洁的底面，我写下真切的忏悔，塞进紧闭的房门。睡了，甜甜地睡了。

清晨，灿烂的阳光探进屋内，一切都悄悄地恢复了平常，亲切的话语，可口的早餐。一切，都因信中的真情，变得格外美好，过往的烦心事，就让它如过眼云烟一般，散了吧！

枕边，那封珍贵的信，在晨光的抚摸下，散发出无尽的爱……

048

油 田 的 雨

秦鑫然

油田的雨，下起来没完没了。"滴答……滴答……"不下个五六天，它就是不停，搞得人心烦意乱。

雨天里，我不能出去给蚕采桑叶。雨天里，上学必须打伞，风把伞吹得东倒西歪，脚一踩进水里，袜子就得遭殃。雨天里，同学们下课只好趴在走廊上，谁也别想到操场上活动，变得懒洋洋的。雨天里所能做的，恐怕也只有在窗边听雨。

可是，当你静下心来听，就会发现，油田的雨其实很调皮。

"滴答……滴啦滴啦答……滴答答滴啦……"雨，落在屋檐上，就像马群在崎岖的嶙峋怪石上奔跑，我听着听着，想象中出现了一群长着翅膀的仙马在云中腾飞。有时，那"马蹄声"变得急促不安，嘻——大概是"狼"来了吧！不一会儿，又恢复了从前的舒缓。"滴啦……啦答滴答……啦滴啦……"真是天然的合唱表演。

我从南边的窗口走到北边的窗口，听到的曲子却完全不同。南边演奏着慷慨激昂、热情澎湃的交响曲，北边弹唱着平心静气、心旷神怡的小夜曲。真是一日之内，一方之间，而情调不同。谁听了都觉得心里痒，想放声高唱一曲。

如果你睁开眼，就会被油田的雨迷惑。

你可以说这儿的雨是透明的。因为，在雨丝绵延的白天，天空依旧那么亮，整个世界和没下雨的白天一样。隔着雨珠，可以清楚地看见哪儿是围栏，哪儿是对面那堵墙。你也可以说这儿雨的颜色是乳白的。因为，不用刻意借助灯光，你也能看见无数根银白色的纱线从空中滑下来，为一朵朵盛开的鲜花戴上美丽的头饰。人们走在街上，就像蒙了一层薄薄的纱巾。

你还可以说这儿的雨是有魅力的。它所到之处，一切都变得那么沉稳，人走在雨洒过的马路上，就如同走在"吸铁石"上。天空看上去明亮而不耀眼，嫩叶看上去青翠而不苍白……心里总是那么踏实。

"哗——"汽车开过，溅起一阵水花，似乎也想加入雨滴的大合唱。"滴答……滴……答滴啦……"雨，绵延，不知何时会停。

如果停了，你一定会听见，"啪……啪嗒……"那是油田的雨的余韵。

049

冬 阳

胥文轩

面对窗外日渐肆虐的寒风，我手里握着热气四溢的杯子，颤抖着哈了一口气，眼前的世界变得雾气缭绕，就像个面罩轻纱的印度姑娘，包括冬日的夕阳。

我坐在石凳上观赏这被前人赞为"无限好"的景象，心中充满了无限遐想，似乎它对这世界还有一丝丝眷恋，不想离开这儿。身上那金灿灿的耀眼色泽将远处的天际都映红了，它仿佛要将自己毕生的精力和心血连同光芒奉献给这个世界。周围的片片浮云都被它的热情感染了，变成了与它相同的色泽，它们组成了一个巨大的团体，向世界迸发出来自它们内心的热量与光亮，想用这强大的能量照亮黑暗，温暖人心。

天边的一切都变成了火一样的红，好像有一个顽皮的孩子用一个火把点燃了它们。一阵寒风吹过，冬阳感到一丝凉意，便躲在涨红了脸的云朵后遮挡住自己庞大的身躯。冬阳打了好几个喷嚏，把云朵震得有高有低。夕阳的光芒渐渐收敛了起来，像一只红色的气球，飘飘悠悠地悬浮在天边。地平线与天边的交界处有一条红白两色的绸带，这或许是冬阳赠送给世界的最后的礼物吧！绸带之上就是夕阳，被渲染过的夕阳透着柔和的光线。再上一层就是逐渐灰白的天空，在两色

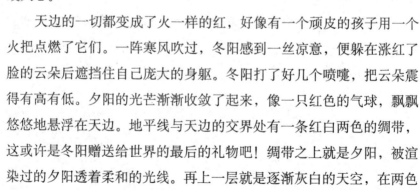

之间的夕阳为天与地之间的和谐做出了协调。灰白色里透着一缕红艳艳的光，谁看到这壮丽的景象都会精神为之一振，真是个色彩缤纷的世界啊！这抹亮丽的色泽为冬阳增色不少，好像青衣少女舞动裙摆，婀娜多姿，美丽动人。美丽的冬阳像一个红气球，被一个躲藏在地平线下的小朋友拉扯着，一点一点地往下拽。慢慢地它从天空中脱离开来，绕过崇山峻岭的阻拦，那可爱的圆鼓鼓的身体离开了人们的视线，渐渐消失了。最后，它以一个最优美的姿势纵身一跃，落入了深不可测的渊崖。

天，渐渐暗了下来。我依旧观赏着，刚刚的美景还映在我的脑海里，挥之不去，眼前一片深蓝色，似乎那边还残留着冬阳的余晖。神秘莫测的夜空中透着几丝米黄，就像光谱带那样，从一种颜色自然地过渡到另一种颜色。古人说得真是没错："夕阳无限好，只是近黄昏。"

051

第一次坐飞机

孙雨桐

假期里发生了好多好玩的事情，但我记忆最深的就是我第一次坐飞机。

去云南旅游，需要坐飞机，这可兴奋死我了。

那天，老天爷似乎很理解我，居然让太阳露出了半边脸。据说这样的天气最好了。我看着这蔚蓝的天空，脑子里想象着坐在飞机上看到云朵的样子。

可能是因为太好奇了，在候机室里我觉得时间难熬极了，我焦急地走来走去，看着钟表上的指针，好像蜗牛一样慢慢地走过一格又一格——五分钟、十分钟、二十分钟……终于，听到了广播里叫我们登机的声音，我像离弦的箭一样第一个冲了过去。

上了飞机，我还没来得及想看云的事情呢，就被漂亮的空姐迷住了。真是太美了！大大的眼睛，长长的睫毛，红红的樱桃小嘴，说起话来声音甜甜的……我正呆呆地看着空姐的时候，突然觉得飞机震动了一下，空姐也跌坐在了专座上，"大家都把安全带系好。"空姐说。原来飞机要起飞了！我吐了一下舌头，忙把安全带扣好，静静地等待飞机起飞。飞机慢慢地停在了跑道上。过了一会儿，飞机猛地向前跑，加速，加速，再加速……不一会儿，飞机飞起来了。我好奇地向窗外望去，啊！外面的一切都变了：马路好像玻璃带子似的，汽车像小甲虫一样，跑得那么慢，山上似乎也蒙上了一层朦胧的白纱，好像一幅古画一般。最有趣的还是那楼顶，开始时有铅笔盒那么大，过了一会儿，就只有火柴盒大小了，最后，只剩下一个朦胧的影子。

飞机越飞越高，越飞越快，不一会儿，地上的一切都看不见了，眼前只有一片蓝蓝的天。飞机又往上升，我终于看见白云了！一簇簇、一团团，有的像盛开的棉花，有的似一群顽皮的小猪依偎在妈妈的怀抱……白云千姿百态，美丽极了。它离我那么近，那么近，好像一伸手就可以摘到一样。

两个小时后，飞机到达了目的地，平稳地降落在了机场。我笑着和空姐道别，心里想：这次坐飞机的收获可真大呀！

"黑薯"养成记

卢政南

"黑薯"，何许物也？是黑色的薯条？或是黑色的薯片？还是……NO！NO！NO！"黑薯"，是俺在"三八妇女节"期间呕心沥血的巨作。虽然，是一个烤煳的红薯，但味道那可是相当的不错，连俺那一向食不厌精的老妈都拍手叫好呢！

话说三月八号下午，我从菜市场上买了四斤红薯。回家洗净之后，又被我"挑三拣四"了一番，只剩下了十个。而我还要对这十个红薯进行筛选。于是，经过了淘汰赛、复赛、半决赛、总决赛之后，只剩下了四个无可挑剔的红薯。

接着，我又给它们洗了个冷水澡，之后，就把它们送进了微波炉。大约过了二十分钟，我打开微波炉，瞄了几眼，觉得还不到火候。于是，我又把温度调到最大，十分钟后，不幸的事情发生了……我精挑细选，百里选一，用心烹制的红薯——煳了！呜呼！我望着我的"黑薯"，独怆然而涕下……

"丁零零——"

老妈回来了。

说来也怪，老妈一进门便冲向厨房，好像知道我给她准备了红薯似的。"这黑黑的是什么？"老妈似笑非笑地问道。

"是——是——我给——给您做的红薯。"我吞吞吐吐地答道，怪不好意思。本想大显身手，却大"黑"红薯。"真的？我来尝一尝！"说罢，老妈顺手掰了一个，三下五除二便吃完了，而且还连声称赞。接着，她又是一阵风卷残云，把剩下的半个也给"下肚"了。吃完之后，她的手已成了黑手，嘴也成了黑嘴，脸也向黑黑的啦。

我看呆了，不由大笑起来。哈哈哈！哈哈哈！我的"黑薯"……

我的身体会说话

刘思洪

今天，何老师告诉我们，我们的身体可是会说话的呢。哦，原来是一些指示身体的词语另有含义呀。这不，何老师要我们用它们的引申义来组词造句呢。

"心腹"就是自己最亲信的人，我的"心腹"当然是我的妈妈啦！一首歌唱得好："世上只有妈妈好，有妈的孩子像块宝"嘛。

"肺腑"就是发自内心的话儿，我的肺腑之言是：六（3）班要加油啊！

"眉睫"就是近在眼前、紧迫的事儿，现在最迫在眉睫的事就是：六（3）班的老毛病得改正，大家得抓紧学习，不能贪玩。为了达到目的，我们就得动些"手脚"：努力学习，抓紧复习，多看课外书，多积累。哈哈，谁叫手脚指的就是"采取的行动"呢。

"首脑"指的是群体中的领袖人物。我们的新"首脑"——郭佳洁粉墨登场。我们要在小学的最后一年里，配合好"首脑"才可以胜过别的班，成为第一。但最为关键的也就是如今的"咽喉"要害就是要齐心协力，让六（3）班集团焕然一新。

说到我自己，我现在的"手头"有点儿紧，看看钱包，唉，都已经瘦得"皮包骨"了。

春节时，我本来想请我的"手足"们吃饭呢，可谁让咱囊中羞涩呢。

啊，刚开始没有一点儿"眉目"，后来，我的许多"骨肉"至亲们纷纷慷慨解囊，用压岁钱助我达成心愿。

怎么样，我们的身体会说的话，还不少吧？

教室"歼敌"记

鲁宇锦

"咳咳！"班里的咳声此起彼落，因为同学们都成了粉尘大军的俘虏，而老师的粉笔就是这些粉笔灰"沙尘暴"的发源地，一擦黑板，粉尘大军就诞生了，在教室里满天飞，还专挑同学的鼻孔和嘴巴建筑兵营。看着同学们受粉尘攻击而惨不忍睹的样子，我向粉尘下了战书。

第二天，我带来了我的微型武器——小电风扇，教室里的几台电风扇早就光荣下岗了，我要用这台微型电风扇吹打粉尘，保护自己的身体。上课了，教室里静悄悄的，老师要擦板书了，同学们都做好迎接粉尘的姿势：用衣服捂住口鼻。唉，只是这盾牌真的可以密不透风吗？不出我所料，粉尘从老师的手下飞出，在教室门口吹来的微风的协助下，大肆侵犯我方。我静观其变，见形势所迫，使出秘密武器。结果赔了夫人又折兵，粉尘虽然被我的电风扇吹走了，但由我处而进入他方，秘密武器被老师没收了，同学们也都用异样的眼光看着我，我的脸不由得红了。

是呀，不能独自为战，但我的信心并没有被打退，终于考虑出了第二步作战计划——给班级里的每位同学发口罩。班级里又是鸦雀无声，只有老师在讲台上唱着单簧。瞄准老师转身的机会，给每位同学发下"防毒武器"，信心满满地等待粉尘的来袭。谁知，老师并没有擦拭黑板而是直接转过身来。看到同学们戴着"口罩"的怪模样，老师怒气冲天，把我这个"将军"给揪了出来，狠狠批评了一顿，那滋味就像用一盆冷水从我的头浇到了脚。

056

俗话说，事不过三。有了前两次的失败经验，我调整了作战方向：扼杀粉尘的源头。经过周密思考，终于计上心头。第四天，班级的布告栏里多了一张白纸黑字的倡议书，为了同学们的身体健康，捐出自己的零花钱或压岁钱，作为作战基金，换一块白板，把粉尘打击到底！此书一发出，同学们积极响应，都慷慨解囊，不久就换了一块崭新的白板，老师看到这块白板，也喜上心头，原来老师并不是粉尘的帮凶，他们才是粉尘的第一个受害者。

渐渐地，咳声减少了，我成了一名英勇的"歼敌英雄"。

故乡的油菜花

吴秀秀

在我的心目中，只有到了油菜花飘香的时节，春天才算是真正来了。这执念，来自我儿时的记忆，来自那自由奔放的乡村生活。

阳春三月，和煦的春风扑面而来。乡野的池塘里泛起了微微的波澜，倒映着河岸边的绿柳红花；小山坡上的老槐树枝叶摇荡，点缀着背后农舍的白墙黑瓦。远处，田野里的油菜花开了，无边无际的，小路边、河沟里、村舍旁，到处是油菜花。在春风的吹拂下，金涛翻滚，散发出沁人心脾的芳香。我和小伙伴们成群结队地穿行在油菜花丛中，争先恐后地追寻着蝴蝶的行踪，"儿童急走追黄蝶，飞入菜花无处寻"，这两句诗似乎就是我们那烂漫的童年生活的真实写照。

对于我们这些野惯了的农家娃来说，油菜花海不仅是一道美丽的风景，更是一个天然的乐园。在喧腾的花海中，我们尽情地撒欢，"抓特务"、捉迷藏……直到村落上空的炊烟袅袅升起，父母开始呼唤田野里的孩子回家。每当此时，我总会左臂挎一篮绿油油的野菜，右手握一把金灿灿的油菜花。那野菜是春天赏赐的美味，那油菜花是要献给深爱着我的母亲的。这样，在我生命的旅程中，不觉中便多了那么一首金黄色的序曲。

眨眼十年过去了，油菜花开了谢，谢了开，许多往事都成了模糊的记忆。如今，生活在城市的天空下，尽管这里有了热闹和繁华，但毕竟高楼大厦的缝隙不适合那些纯朴的花朵生长。随着年岁的增长，特别是随着自己与故乡的疏远，不知不觉中，故乡变成我记忆中的一个地点、一个符号。偶尔，当有人提起故乡时，我才会想起那个遥远的、记忆中的故乡。

前几天，我在网上无意间浏览到一组关于油菜花的图片，大片的油菜花一眼望不到边际，像一块金黄色的绸缎铺陈在田野上。那一刻，我的心一下子被唤醒了，我仿佛又回到了我那可爱的故乡。

看着那被油菜花镶嵌着的春天，我忽然有些伤感起来。这些美丽的花朵，还能在城镇化进程中支撑多久呢？明年、后年，或者更多年后，我还能回到故乡，以同样的心情欣赏这单纯而又意味深长的风景吗？

菜花深处是故乡。无论家乡怎么改变，那里曾经的一景一物都将深藏在我心里，成为我一生一世抹不去的记忆。

058

篮球，篮球

张 月

以前，我对篮球所有的认知都停留在它的形状上，我认为它只不过是一个比足球弹力好一些、表面上有八道纹路的球而已，有时，我甚至弄不清它和足球的区别。

看着为了追逐一个篮球而不顾一切狂奔的男生们，我很不理解，他们为什么会为它疯狂？

　　第一次和篮球亲密接触，是在一节体育课上。当时是我们的自由活动时间，体育老师带着一群男生在篮球场上驰骋。出于好奇，我静静地站在那里看他们互相传球，互相追逐。看着他们专注而又严肃的神情，我不禁再次产生疑问：篮球真的有那么好玩吗？可能因为我站得太久，老师注意到了我，邀请我和他们一起玩。我和老师一队，男生们没有异议，于是篮球场上便多了一个追逐篮球的女生。听着老师讲解传球动作、投篮要领、什么是犯规等，我乐在其中。原来篮球里面有这么多奥秘啊！那时，我便对篮球产生了极大的兴趣，渴望对篮球有更多的认识。

　　接着，我阴差阳错地进入了学校的女子篮球队。看着一群和我一样对篮球有兴趣的同学们，我暗自感叹篮球的吸引力。

　　我跟着教练从基础学起，拍球、运球、投篮、三大步、联防、满场盯……一点一滴地学习，使我对篮球有了更深刻的认识，篮球也就更吸引我了。每每觉得训练辛苦，想要退缩时，我便想起那个弹力巨大的球，你拍得越狠，它弹得越高，这难道不是一种最为顽强的精神吗？骄阳下，拿下一个篮板球的成就感，投进一个三分球的意外收获，都会使我欣喜若狂。这种喜悦往往会变成一种强大的动力，支撑着我以更大的热情投入到生活和学习中。皇天不负有心人，经过半年枯燥乏味而又艰苦的训练之后，我终于踏上了赛场。那是上半年的一场中篮球比赛。我和队友们在赛场上默契配合，快速奔跑，在一次又一次的投篮中，证明自己，在一次又一次的传球中，互相加油。终于，我们获得了骄人的成绩——女子组冠军。从此以后，我对篮球的兴趣更浓了，对篮球可以说是从喜爱变成了热爱、酷爱。

　　现在，我终于明白了为什么男生们喜欢在篮球场上狂奔。我希望，我以后也可以凭借着对篮球的热爱，不断完善技术，提升自我，在偌大的篮球场上肆意奔跑，尽情挥洒汗水，张扬属于我的青春！

　　哦，篮球，篮球！

无声的广场舞

姜 理

教室里，大家正在安静地上着晚自习。突然，窗外传来了充满激情、节奏感很强的歌声："苍茫的天涯是我的爱，绵绵的青山脚下花正开……"唉，不用看也知道，学校对面小区广场上的大妈们又开始跳广场舞了。

不知从什么时候开始，广场舞风靡全国，而我们这些在校学生也不幸天天"被享受"着这激情的流行音乐。

突然，刚响起的音乐停了，而我的做题思路也被这戛然而止的音乐给打断了。索性，我放下笔等它重新响起，免得它再次打断我的思路。然而，音乐声再也没有响起来。

奇怪啊，音乐为什么会突然停了呢？难道是被城管制止了？

不对呀，学校领导与那个小区的物业都曾经去找过那些大妈们，劝她们停止跳舞，都被拒绝了。她们说跳广场舞不但锻炼了身体，而且丰富了生活，谁也不能阻止她们。多次协商无果后，只能维持现状。

那还能有什么原因呢？难道外面下雨了？

不对呀，月光正静静地洒在窗台上。

是音响坏了？

好不容易挨到下课，带着满腹疑问，我拉着同桌跑到围墙根下，从栏杆处向对面小区的广场看去，发现大妈们依旧在那里跳舞呢！动作整齐划一，很有节奏感，只是没有了音乐的伴奏。怪事儿啊！

　　终于放学了，为了解开"音乐为什么停了"之谜，我去了那个小区的广场。到了地方，我发现已经有许多同学围在那里了，大概也是和我一样来解惑的吧。我正想从大妈们后面绕到放置音响的地方去看看到底是不是音响坏了，猛一抬头，发现每个大妈耳朵上都戴着一个黑乎乎的东西。那是什么？

　　一套广场舞结束，一位热心的大妈笑眯眯地向我们走来："放学了？怎么还不回家呀？你们以后不用再担心我们打扰你们学习啦，跳舞虽然锻炼身体，但我们也不能打扰别人啊！你们看，我们现在都用蓝牙耳机来听音乐啦！"说着还指了指耳朵上戴的那黑乎乎的东西。她又跟我们闲聊了几句，便回到队伍中继续跳舞了。

　　戴着蓝牙耳机的大妈们在皎洁的月光下翩翩起舞，我觉得这是我所见过的跳得最美的广场舞！

061

楼道里的灯光

罗　璇

　　楼道里漆黑一片，急促的雨透过窗子打在冰冷的台阶上。我深吸一口气，咬咬牙，攥紧衣角，飞快地跑上楼。

　　我们家刚搬来这栋楼不久，爸妈忙前忙后没时间照看上晚自习的我，让我上完晚自习自己回家。奈何我有个怕黑的毛病，只得每天忍着无尽的恐惧，不断安慰自己，飞快地跑回家，好像跑慢一步真的就会遇见鬼似的。

刚跑到二楼，突然听到开门声，我一下没刹住脚步，与出门的人撞在一起。我皱着眉揉着撞疼的地方，抬头看看与我相撞的人，是一位二十几岁的姐姐，拖着个行李箱，要出远门的样子。她一样皱着眉看着我，眼神中带着一丝埋怨和无奈。然后，她没说一句话便漠然地绕过我走开了。我愣愣地看着她的背影，心里一声叹息。我们是邻居啊！住在一栋楼里，相距不到二十米，邻里之间，真的这么冷漠吗？

生活似水般流过，悄无声息。我逐渐习惯了一个人走夜路，却仍对漆黑的楼道有些害怕。那天，停好自行车，我走进楼道，却发现原先窄窄的漆黑楼道里有一盏灯安安静静地亮着，柔和的光洒在台阶上，带着暖意。我的心情前所未有地轻松起来，脚下的步子也轻快了许多。我走到二楼，又一次碰见了那个姐姐。她正有些吃力地将灯泡拧紧，没注意到我在身后，拧好后一回头，看到我还吓了一跳。

她拍拍我的肩膀，笑着与我并肩上楼。我有些疑惑，她不是住在二楼吗？她却笑着开口道："上次对不住啦！那天我急着出远门，又有点烦心事，撞到你也没有说一声抱歉，真是对不起了。"我摇头表示没什么，她却自顾自地继续道："我每天出门都比较早，晚上又不出门，很少碰到你，还不知道我们楼里住了一个上晚自习的小姑娘呢。这大晚上的，楼道里黑，我就把灯装起来了，免得你一个小姑娘家害怕。这楼里没住几户人，你但凡有什么需要就敲门说一声，我一定帮忙！"随后，她开始装起了三楼的灯。我笑着应了一声，对黑暗的恐惧在灯光下消散了。

透过楼道的窗户，看着路旁树影斑驳的地面，风拂过，沙沙声回荡在耳边，楼道里的灯光散发着暖意，我望着她的背影，轻轻地笑了。

我们住在一栋楼里，我以为我们的生活轨迹会永远平行而不相交，但这楼道里为我亮起的灯，不正是无声的交流吗？它是邻居姐姐的一份善意。这充溢着爱心的灯光，是最暖人心的关爱。

无声胜有声

　　那一眼有母亲对孩子哭泣的心痛，那一眼有母亲对孩子不懂事的愠怒，那一眼有母亲对自己没教好孩子的自责，或许还有自卑。那一眼诠释了无声胜有声。

上海小馄饨

黄 倩

上海，是个美丽又繁华的大城市。那里，有各种各样的风味小吃，其中，我最喜欢的就是新鲜美味的小馄饨。你可别小看小馄饨，它可是集各地馄饨优点于一体，色、香、味俱全，是远近闻名的特色小吃。

上海小馄饨的皮，似乎比薄纸还要薄，乍一看，里面包着的馅几乎一览无遗。你看，这是包着瘦肉葱花的"朵朵鲜花"，那是包着芹菜香菇的"三鲜美味"，还有虾仁蘑菇、荠菜鲜肉……只只晶莹剔透，玲珑诱人，让人还未尝其味，就已经被它独特精致的外表深深吸引了。

这小馄饨不仅外形美，味道更美。端一碗小馄饨从你面前走过，就会有一阵香气扑鼻而来，你一定会情不自禁地说："真香啊！"舀起一只放进嘴里，嚼着嚼着，一股美味直入肺腑。再捧起大碗，喝一口鲜美的汤，顿时就会神清气爽、惬意无比。

上海的小馄饨店最忙碌的时候是晚上。华灯初上，走在街上，看那一家家馄饨店，哪家不是人来人往、顾客满座？有的在细细品尝，有的是狼吞虎咽，大家都沉浸在腾腾的热气中享受这个美味。有些自己吃饱了品足了，还要打包个一两碗，孝敬孝敬老人，犒赏犒赏孩子，还有的青年人，一定是带回去给朋友们一饱口福的。

啊，上海的小馄饨，鲜美的家常小吃，让人常常牵挂，常常欲罢还休！

就这样慢慢长大

赵　玲

时间不停地流逝着，日月如梭，似弹指一挥间。我经历了人生的风风雨雨、坎坎坷坷，渐渐长大，也渐渐懂事。

小时候，我很任性，不懂事，我说什么是什么，要什么有什么。

一次突如其来的事故，让我一下子变得懂事多了。

那是我十岁时，十岁，本是一个人最天真烂漫的时候。就是那件事，让我一下子长大了。爸爸是一个单位的电工，那天，单位领导让他去做一个例行检查，可就在这时，让人意想不到的事情发生了，由于电路没有拉闸，爸爸在检查时，一不小心触电了。有一位同事立刻把爸爸救了下来，给他做人工呼吸，并立即把他送到医院。

妈妈接到爸爸同事打来的电话，心急火燎地赶到医院。那天，妈妈没有回家，她怕家人担心，就说她要加班，让奶奶照料我。我当时并没有起疑心，也不知道究竟发生了什么。

第二天我放学回家，乌云笼罩着大地，雷声震耳欲聋，闪电似乎要把天空撕成碎片，我悄悄地走进家中。妈妈的脸上愁云密布，看上去似乎有很大的心事。

065

无声胜有声

"妈妈，你今天怎么啦？"我好奇地问。妈妈愣了愣，终于说出她的心事："你爸爸因触电住进了医院，孩子，我昨天并没有加班，我在医院的。"

我一听，泪水顿时如泉般涌了出来。"爸爸没……没什么事吧？他伤得严重吗？""没事，你就尽管放心好了，他伤得不怎么严重，只是手还没有完全康复。"

妈妈的劝说并没有让我放心，得知爸爸触电这事，我十分伤心，坐在房间里不停地哭泣。也许年纪还小，我不能接受爸爸触电这一残酷的现实。

妈妈悄悄地走进我的房间，拍了拍我的肩膀，安慰我说："孩子，别伤心了，人生不可能一帆风顺，总会遇到磕磕碰碰、沟沟坎坎，我们要有战胜命运、战胜挫折的信心。哭是没有用的，它不可能改变事实，也解决不了难题，让我们一起坦然面对灾难，好吗？"听了妈妈的话，我情不自禁地点了点头。

那件事情改变了我，我不再像以前那样乱花钱了。我明白了幸福来自于父母的付出和努力，幸福需要我们珍惜。我体会到了父母平时工作的不容易。我从那时起，便懂得珍惜幸福，节省开支，我也学会了关爱父母，体谅父母。

如今，我已经长大，会面临着更多的人生考验，我将迎接新的挑战，刻苦学习，负重拼搏，以优异的成绩回报父母。

青春，见证了我的快乐与苦恼，见证了我的懵懂与成熟。

无声胜有声

任文慧

开学前，我和朋友约好了放松一下，去城里看电影。公交车上，坐在我们前面的是一对母子。小孩子看上去三四岁的样子，动来动去，很是顽皮。每次当他要把手伸向窗外时，他的母亲都会及时按住他。

冬日暖阳下，车子在喧闹的街道上平缓地行使。一站又一站，一群人又一群人，实在是很平常。

公交车在几站上客后，已经被喂得很饱，已经有几位年轻人站着了。就在这时，一个有些驼背的老人上了车。我和朋友都做好了让座的准备，可前面的那位母亲却先起了身。老人坐下后，小孩子看了几眼老人，稚气未脱的目光中透露着不满，嘟起嘴巴："让我妈妈坐……"老人有点儿尴尬。孩子的母亲立即把手放在孩子的小肩膀上，微笑着，微微地摇摇头。孩子似乎很不满意母亲和老人的回应，又用小手推了推旁边的老人。那位母亲看到后，轻轻地敲打了一下孩子的手，谁知道小孩子立马哭了起来："我不要妈妈……妈妈不会说话，妈妈打我……"车上先是一阵安静，随后竟是一片哄堂大笑。那位母亲大概看懂了什么，脸有些红了，但她一直对儿子做一些手语，最让我难忘的是那复杂的眼神。

新的一站到了。刹车时，那位母亲一直用手护着小孩儿。当他们下车后，车上的人又纷纷议论："她是个哑巴。""那孩子好可怜。"可这对母子听不到车上的议论。我情不自禁地再次看着渐行渐远的那位母亲，看着那轻叩阳光的步伐和决然无声的背景，竟然有种流泪的冲动——有这样伟大的母亲，那孩子，其实好幸福。

那一眼有母亲对孩子哭泣的心痛，那一眼有母亲对孩子不懂事的愠怒，那一眼有母亲对自己没教好孩子的自责，或许还有自卑。那一眼诠释了无声胜有声。要知道，默默无言，有时却是世上最美的声音啊。

伞 的 故 事

李同雨

夏日的夜空，时常有闪耀的星星；人这一生，免不了有精彩的故事。我不长的履历里，最精彩的那个雨伞故事，应该就是夜空中最闪亮的星了吧？

故事发生那天，一大早就彤云密布。爸妈恰巧有事要急着处理，吃完早饭，叮嘱我自己返校，就都出门了。好在那会儿家离学校非常近，不过几条巷子的距离。我想，我可以。

天有不测风云。就在我照顾好自己的肚子后，推开门刚准备出发的时候，云朵积蓄的能量终于爆发：只见密密麻麻的豆大的雨珠，呼啦啦地一起从天上往下跳，砸在我额头上，有点儿疼。嘘，赶得也太巧了！

我退回屋内找伞。可是，任我怎么找，家里除了那把硕大的油纸伞，再无其他。雨这么大，近乎在水帘洞里穿梭，不打伞是不现实的。别无选择，我只好费力地撑起那把比我还高出一截的油纸伞。我一边艰难地走，一边恨恨地抱怨：这什么鬼天气啊！再坚持一刻不行吗？非要害我成落汤鸡？爸妈也真是，早不出去晚不出去，偏要赶在今天有事，还两人一起消失！

没有最倒霉，只有更倒霉。因为，走着走着，我又遇上了另一个难题：那条小得可怜的巷子，居然容不下我这把油纸伞。唉，这就尴尬了。看着手表：哎呀，都已经七点二十了！怎么办呢，这……

"喂，小伙子，你是不是要去上学啊？跟我一起打伞吧？"就在我急得像热锅上蚂蚁的时候，突然传来一声招呼。扭头一瞧：原来是个白胡子老爷爷。他脸上正挂着慈祥的微笑。他手中撑开的折叠伞，多像圣诞老人刚派送过来的礼物。我心中霎时充满了温暖。把油纸伞收起来，必须的；快速钻入老爷爷的伞里，赶紧地。

收起油纸伞后，老爷爷告诉我他也是刚把自己的小孙子送去学校，看见"望巷生畏"的我，才乐呵呵地过来的。怕我不自在，老爷爷还颇为贴心地问起我的家人，我的年龄、年级和学习情况。实没有一点儿不自在。他的笑，那么和蔼，跟我乡下的爷爷一个样！一念至此，大雨仿佛停止了，时间也仿佛停止了……小巷里的一切，全变得那么温馨。

不知不觉，我们就走到了小巷的尽头。老爷爷本来还要送我，可我不想麻烦他老人家太久。转过身去，向老爷爷道声"谢谢"之后，我又用力地撑开大大的油纸伞。老爷爷怕我迟到，催我快走。刚走两步，他又大声叮嘱："娃啊，小心脚底，别摔着啊！"当我再次转过身去，才发现他还笑眯眯地站在巷口，目送着我。于是，我用力地挥了挥手，迈出更加坚定的脚步。

此后每每想起老爷爷，我心里都装满温柔，还有力量。夜空中最亮的星，应该是老爷爷帮助我的这个温暖的雨伞故事。

爷爷爱"找碴儿"

于怡鸣

爷爷是一个做事认真、严谨的人，对我写的文章更是严格要求，总喜欢"找碴儿"。

最近我迷上了写作，而且还在报刊上发表了一些文章，但是文章到了爷爷的手里，他总是会横挑鼻子竖挑眼，左挑骨头右挑筋。

起初，我对爷爷的"找碴儿"很不服气，因为爷爷已经七十多岁了，他那个年代的人怎么会懂得我们现代小孩儿的想法呢？但是还真不能小看爷爷的"挑三拣四"，我的文章经爷爷点拨后，总会获得意想不到的效果。

有一次，我写了一篇写人的文章，经过多次修改，我觉得已经很不错了，爸爸妈妈看了也都赞不绝口。但爷爷看后，指着我的文章说："你看这个地方写得比较啰唆，这个词用得也不是很恰当，不能体现出人物的特点，而且你看这儿还有几个错别字呢！"面对爷爷的"找碴儿"，我有种茅塞顿开的感觉，经过反复修改，我笔下人物鲜明的个性，立刻跃然纸上。

文章写出来不就是给别人看的吗？面对爷爷的"找碴儿"，我为何不能坦然接受呢？就算是诺贝尔文学奖获得者莫言写出的文章也未必就完美无缺、无懈可击呢！想想王安石"千锤百炼出一绿"，想想贾岛"敲"字的妙用，都是经过反复斟酌、仔细推敲，直至自己和大家都满意了才肯罢休。所以，一篇好文章不就是磨出来、改出来的吗？

我的爷爷就是这么喜欢不厌其烦地"找碴儿"——对我的文章逐字、逐词、逐句地反复琢磨，帮我查错字、添漏字、改标点。爷爷不仅是我忠实的粉丝，更是我的良师益友。我开始喜欢爷爷的"找碴儿"了！

今天没有家庭作业

岑天蔚

"今天没有家庭作业。"这曾是我们班的一个传说，从前同学们总是用它来骗自己，现在终于梦想成真了。

上周三，老师宣布："今天是无作业日，今天没有家庭作业。"这个消息在班里轰动一时。下课后，同学们议论纷纷，有的问："这'无作业日'到底能维持到什么时候？"有的答："可能就这一次吧！"……总之话题许许多多，讲也讲不完。

放学了，大家异常兴奋，有的约好去打球，有的带着同学回自己家玩，还有的想赖在学校不走了。我也不例外，带着欢悦的心情回到了家。可是又突然感到无聊，平时一回到家里我就做作业，可是今天作业没了，该做什么呢？我望了望沾满灰尘的书架，自己已经很久没看课外书了。我随意抽取了一本，津津有味地读了起来，不知不觉中沉浸在书的海洋里。

"吃饭了！""女高音"老妈已经做好了一桌的美味佳肴，可惜没人去品尝，她愤怒地使出了"吼震功"，将沙发上的老爸和书房里的我给叫醒。吃完晚饭，我们一家人伴着徐徐的微风和略暗的天色，在小区里散步。天暗得晚，还有余晖挂在天边，像天空的笑脸，笑得那么纯洁，那么开朗。在一朵不知名的花前，我细细地欣赏着，一阵好闻的花香扑鼻而来。天渐渐地暗了，我们说说笑笑地回了家。

回到家里，我拉开窗帘，欣赏美美的夜景，捧着朱自清的散文《荷塘月色》，一边对着窗外幻想，一边品味书中的内容。我非常惊讶，原来没有作业的晚上也能过得如此充实。我在床上甜甜地睡着了，梦中也没有作业。

我和外婆买新衣

彭雪珍

外婆来我家住了一段时间就要回去了，可我心中恋恋不舍，希望时间慢一点儿再慢一点儿，让她多住几天。

有一天外婆约我一起上街买东西，我求之不得。

我和外婆踏上了逛街的旅程。其实买不买东西不重要，能够和外婆一起走走路、聊聊天，才是我最高兴的事。

天气特别好，空气格外清新，阳光把两个流动着的亲密身影投射在街边的小路上……

来到大街上，有一家服装店的设计风格我好喜欢，门前还有个花边水坛，"外婆，我们就去这家吧！"外婆微笑着说好。

进到店里，外婆开始给我挑漂亮的衣裳，我看到外婆欣喜的样子，也快乐起来。我走到老人服装区，给外婆挑了一件外套，拿过去给她看看。外婆说："好看，我挺喜欢的。"外婆给我挑的衣服都是最好的，手里总是拿着好几件，一会儿让我穿上试试，一会儿问我漂不漂亮。

我们把衣服拿到收银台，外婆看了看我给她挑的那件衣服的价钱，说："这件贵了一点儿，算了，我年纪也大了，花花绿绿的也不合适，况且这件衣服不买了，就可以多买几件你的衣服。"

可外婆的神情明明告诉我，其实她是很喜欢那件衣服的，只是疼爱我，她才这样做的。我说："外婆，你看我的衣服不少了，大袋小袋的，你一件都没有买，我也不买了……"

"怎么能不买呢？你的不能不买，我的不买可以，就这样办。"

看到外婆那坚决的态度，我不和外婆争论了。我想，既然外婆喜欢这件衣服，那我不如用自己的零用钱给外婆买下那件外套！趁外婆又给我挑衣服的时候，我行动了。

孝，可以是在长辈劳累时送上一杯热茶，也可以是在他们烦恼时送上一句温馨的问候，而我，要给外婆一个惊喜。

回家的路上，我和外婆又说又笑，开心得很。

回到家中，外婆才意外地发现我手里多了一样东西。我把袋子里的衣服拿出来给外婆看，外婆当时的神情不知有多惊讶多惊喜。缓了一会儿，她便问我衣服怎么来的，我就说了我的"行动过程"。

外婆听了，说："你这个乖孩子，怎么这么懂我的心思呢？真是一个孝顺的好孩子。"她很感动，一把抱住了我。我依偎在外婆的怀抱里，好温暖呀，心里也是甜蜜蜜的。想不到我这么一个小小的举动竟带给外婆那么大的惊喜！

久违的小菜园

金　成

　　温州，是我的出生地、我的故乡。每次回老家，我都特别想去一个地方，那就是爷爷的小菜园，那是我最喜欢的地方了。

　　小菜园也是爷爷最常来、花最多心思的地方，别看地方不大，但爷爷却把它收拾得井井有条。一片白菜，叶子包得紧紧的，像包着什么心事；一片萝卜，半截都露在外边，白生生的，像露着肚皮的孩子一样。如果是夏天，还有高高的玉米、爬藤的扁豆、红红的西红柿，可热闹了。

　　远远地，我就看到了一个熟悉的背影，是的，那就是我亲爱的爷爷！我连忙跑过去，爷爷正在浇水，我二话不说接过爷爷手上的活儿，说："爷爷，让我来吧，我都长大了。"爷爷连声说："好，乖孩子。"看着爷爷一瓢一瓢地给蔬菜浇水，感觉很简单，可怎么水瓢到我手里就不听使唤了呢？我想浇到菜中间，可它就偏偏浇到外面去了。还没浇一会儿，我的双手就开始发麻，一旁正在除草的爷爷笑了起来："孩子，你要多吃碗饭，就有力气了。来，还是我浇水，你帮爷爷除草吧。"于是，我把工具给了爷爷。这时我才明白"谁知盘中餐，粒粒皆辛苦"的意思，农民种植粮食、蔬菜真的很辛苦，我们没有理由不珍惜食物。

　　我喜欢吃爷爷种的菜，但我从没看过它们躲在泥土中的样子。这次，好奇心驱使我轻轻地把泥土扒开，啊，胖胖的红萝卜露了出来，红通通圆鼓鼓的肚子，好可爱哦！园子四周，还有我们温州人最爱吃的瓯柑，这是我们温州的一种特产，有机会真想让同学们尝尝我们温州的特产。

回去的时候，爷爷收拾好水桶、水瓢、锄头等工具，又摘了很多我爱吃的瓯柑，我用衣服包着，我们有说有笑地往家走。村子的上空飘起了炊烟，我闻到奶奶做饭的香味啦！

不一样的数学课

路佳琪

075

数学课搬到了操场的跑道上，你见过吗？

"全体同学到操场集合，200米比赛马上开始！"这一天，六（5）班要上数学课，可数学老师徐老师却在教室门口这样喊。

徐老师改教体育了？顶着这个小问号，同学们以组为单位，从同一起跑线上并排出发了。一整圈跑完，外号"飞毛腿"的赵志贤却跑在了后五名！

"这不公平！他们在里道，我在外道，我跑的距离长！"赵志贤抗议。"六条跑道应该有不同的起跑点吧！"大家也在分析。

徐老师问："那每条跑道的起跑点应该距离多远才公平呢？"

量一量不就知道了！徐老师拿出了大卷尺，以组为单位，每组一条跑道，同学们奔前跑后，量每条跑道的直径、半径，计算周长。结果算出来了，跑道的周长相减，就是起跑点之间的距离！

　　"这就是'圆'的知识的应用。"徐老师切入正题。

　　"现在，我们按刚才计算的结果，用石灰水给每条跑道画上起跑点，一个组画一条跑道。"

　　待各个小组都把起跑线画完后，徐老师又说了，"我们按新划分的起跑线，再来一次比赛，如何？"

　　同学们欢呼雀跃。一场比赛下来，不出所料，赵志贤获得了第一名。

　　这一节数学课很快就要结束了，徐老师问同学们有何感受。李晓晨说，跑道上的数学课让大家一下子对"圆"有了很大的兴趣，发现生活中原来处处有"圆"，啤酒瓶的圆底，圆形的储存罐、硬币等，"圆"太有用了。

　　你看，数学知识"圆"悄悄地从课本里走了出来，来到了操场，和同学们玩在了一起。这堂数学课，让我们有了一双善于发现的眼睛。在生活中寻找数学，真棒！

超级老妈七十二变

林　润

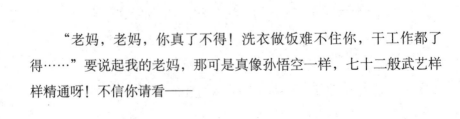

　　"老妈，老妈，你真了不得！洗衣做饭难不住你，干工作都了得……"要说起我的老妈，那可是真像孙悟空一样，七十二般武艺样样精通呀！不信你请看——

早晨一起床，妈妈就变成了一个"大闹钟"。"六点半啦！快起床，快起床！太阳照到屁股上了，再不起床就要迟到啦！"这就是我每天醒来听到的第一句话。当然，我也有我的对策，我会翻个身说："我再睡一分钟！"然后一翻身就又眯了起来，再睡个回笼觉。还没一会儿，妈妈又开始唠叨："六点四十五啦！快点儿起床，再不起，我就使大招了！"五分钟后，如果我还没起床，老妈的河东狮吼和降龙十八掌就出手啦！这时的妈妈可就变成"暴力闹钟"喽！

　　晚上，妈妈又变成一只勤劳的"小蜜蜂"。吃完晚饭，收拾好厨房，"蜜蜂妈妈"就会一边工作一边自言自语："你爷儿俩的衣服该洗了，我得赶快泡上。""哗啦啦，呜呜呜呜——"卫生间里就忙开了。"地有点儿脏啦，我该收拾收拾啦，好好地擦擦地板！""哗啦啦——"妈妈一边洗衣服一边收拾地面，忙得马不停蹄。"家里有点儿乱，我要整理整理，要不什么东西都找不到了。""嗡嗡嗡……""嗡嗡嗡……"总之，妈妈就没有停下来安安静静地坐在沙发上歇一会儿的时候。

　　如果赶上有重要场合需要全家出动，妈妈就变身为一位时尚顾问，开始策划我们的穿衣打扮，妈妈总会有很多别出心裁的想法。"林润，你得换一件外套，这件上衣和你的裤子不配搭。穿上那件李宁运动装比较合适！""哎呀！你的眼线太淡了，快去补补吧！""他爸，你的白衬衣配上红领带和这件外套最合适！"……总之，每个人经过妈妈的这一指点，立刻大变样。所以，我们的审美观也就在妈妈的指点下得到了提高。

　　在家里，老妈的变化可不止这些。她还会变成家里的摄像头，监视我们的一举一动，只要哪里做得不好，老妈肯定会唠叨几句。每天早上，老妈又会变身健身教练，一边健身一边给我们讲健身的好处和妙招。如果家里的东西坏了，老妈又会变成维修工，三下五除二就搞定了。在我做作业时，老妈又变成一位老师给我讲难题……

听，夏日的音乐会

李春雨

"轰隆隆！轰隆隆！"伴着一阵阵沉闷的雷声，雨，悄悄落在这静谧的城市中。

雨滴洒落着，"哗啦啦！哗啦啦！"和雷声构成了一首奇妙动听的音乐，风呼呼地吹着，为这音乐添加了神秘的色彩。宁静的城市不再宁静，变成了风雨雷电的音乐会！雨珠落在屋檐上，发出流水一般好听的声音。闪电来了，瞬间照得整个城市如白昼一般。雷也按捺不住了，变得肆无忌惮，发出一阵又一阵震耳欲聋的响声……

如钢琴弹奏一般，雨淅淅沥沥地下着。这时，雷声不再那么响亮了，变成"笃笃"的敲钟声。静静地听，原来雷声是这么好听，仿佛如一阵急促的音乐。池塘里的小青蛙也为它伴奏："呱呱！"真有趣。雨水调皮地拍打着荷叶，发出清脆的声响，好听极了！

雨下大了，音乐会的高潮到了！"呼呼——""哗啦啦！""轰隆隆！"它们各自舒展着歌喉，合奏成一曲优美的大自然之声！"咚"的一声，像敲锣一般，原来是屋顶上的一个铃铛掉了下来。不过，这并没有阻止音乐会的进行，倒为它增加了几分趣味！

不知不觉中，天亮了，这场盛大的音乐会也结束了。不过，它们走后，留下了另一种声音。

我听见了！我听见了！是花朵绽放的声音，真好听！

人们起床了，他们不知道，昨天那场大自然的音乐会有多么美。

在一片翠绿的荷叶上，几滴雨正顺着叶子滑落下来。

"滴——答——"

林中访友

任安妮

走出门，就与微风撞了个满怀。风中带着桂花香和露珠的气息。早晨，好清凉。

坐上车子，带着满怀的好心情，我要去访问好朋友。

橡胶树是我要拜访的第一个朋友。橡胶树啊，你如一位热情亲切的老人，你仰望天空，向云朵妹妹招手，向太阳公公问好。一切都变了，岁月在流逝，年轮在旋转，唯有你依然如旧。

走进竹林，竹笋向我频频点头，竹叶呼唤我的名字，他们都是我的知己。我坐在竹林里，渐渐地，仿佛自己也变成了一棵竹子。深深地扎进泥土，我的血液变成风中舞动的露珠，我的头发长成竹叶，随风拂动，发出沙沙的声响。

这林中的一切，哪个不是我的朋友？我亲切地向他们问好：早上好！嫩绿的竹笋，你穿上新衣是要和我一起分享吗？嘿，飞翔的小鸟，你们叽叽喳喳地唱和着，是邀我与你合唱吗？咦，蚂蚁弟弟，你们为什么要搬家呢？是要与竹笋做伴吗？喂，太阳公公，你笑呵呵的有什么喜事呢？我猜你是想吃糖了。

舔一滴露珠，我感受到了秋天的凉爽；品一口竹笋，我看到了大自然生命的力量；捧一朵落花，我听见她坚强的声音。

来得突然——跟着一丝丝清凉的微风，跟着一缕缕云雾，雨悄悄地来了，像一千朵水花竞相开放，又像一千个小炮弹纷纷落下，这难道不是天地给我的恩泽吗？让我感受雨水的滋润。

雨停了，我不舍地挥手告别了我的朋友，带回了愉快的心情和快乐的记忆。

我最喜欢的三个词

黄淑怡

080

"妈妈，妈！""怎么了？""我穿什么衣服啊？""我来帮你选选！""嗯！这件漂亮。"妈妈是我的穿衣助手。

"爸爸，爸！""怎么了？""快点儿！我上学要迟到啦！""好！我马上下楼开车。"爸爸是我的私人司机。

"姐姐，姐！"妹妹又在喊我了。"怎么了？""姐姐，你陪我玩嘛！""好！"做个好姐姐我乐意之至。

十二年前的一个冬日正午，一个女孩儿呱呱坠地，数月后，她大胆洪亮地喊出了映入她脑海的第一个词：妈妈。继而，她又奇迹般地呼唤出了另一个词：爸爸。从此，这两个词将陪伴她一生。

清晨，雾蒙蒙的，我还在梦乡里打滚。"快点儿！快点儿！起床啦！""妈妈，再让我小睡一会儿，就一下。"我侧了个身，继续延续我的白日梦。"快起床！"对付老妈的狮子咆哮，我懒洋洋地回答："就再睡个一分钟，小眯一会儿，就一会儿——""起床！"反正都是要去上学的，为了避免一场恶战，还是服从命令吧！我"腾"地一下从床上蹦起来，睁着一双又胀又肿，像个大核桃似的眼睛瞅着妈妈。"什么！七点啦！不得了不得了，这次完蛋了……"

"爸爸，你弄好了没有，我要迟到啦！""来了来了！"我们走出家门，爸爸以光速把我送到学校。

"姐姐，你放学回来啦？""是啊！"妹妹一见到我就兴奋不已。"那姐姐快做作业，再陪我玩儿。""好！"

妈妈，是那个永远在我心里设下闹钟，处处为我着想的人；是一个烙印在每个人心里，永远抹不去的词。

爸爸，是那个撑起家庭的顶梁柱，处处为我们着想的人；是一个读起来永远都铿锵有力，坚定不移的词。

姐姐，是那个挡在妹妹面前，挺身而出的人；是一个绵绵柔柔，同样有着重要使命和意义的词。

081

我想，一个温暖的家里，爸爸、妈妈与孩子缺一不可。我知道，我的心中，永远承载着爸爸、妈妈与妹妹，永远都会被这三个词填满。

"书虫"轶事

李睿麒

我是一只见了书就废寝忘食的"小书虫"，喜欢从书这个精神面包里吸收各种营养。

我喜欢读各种滋味的书：许多味道交织在一起的《海底两万里》等世界名著，像是世界各地的"美食大拼盘"；《明朝那些事儿》《三国演义》《水浒传》等中国历史书籍和小说，像是甜味和酸味混合一体的冰糖葫芦；还有漫画书籍，像是开怀大笑的开心果，它们的味道很甜。

因为我非常热爱读书，所以经常会惹出一些"小麻烦"！

有一次，只听"丁零零……"第四节课下课铃一响，我就迫不及待地抽出《岳飞传》开始津津有味地看起来。当我看到岳飞在战场上奋力拼杀的时候，我自己仿佛成了岳飞，正在精心地排兵布阵，准备与金兵搏斗。这时，只听后面传来金兵的呐喊声，看！金兵跑过来了，我一挥手，顿时树丛里万箭齐发！风云突变，我们取得了胜利！八百勇士打败十万金兵！这真是奇迹！我实在太兴奋了，激动得差点儿喊出来。这时，值班的老师来了，走过来拍拍我的肩，提醒我："快吃饭，吃完再看。"我一下子被他拍回了现实，不好意思地挠挠头，"哦"了一声。等拿来饭，又开始看起来，左手端着米饭悬在了半空，结果又被老师发现，《岳飞传》差一点儿就被老师没收了，惹得很多同学大笑不止……

我不只读的书多，而且还有我自己的读书妙招。你想听吗？

因为眼睛是心灵的窗口，所以我利用眼到和心到相结合来博览群书。首先我用眼睛先仔细地读一遍，然后再思考故事中的人为什么要这样做，作家为什么要写这个故事。或是一边认真地读，一边思考这段话的意思或分析某一句话的深刻含义。就这样我经常看得如痴如醉，仿佛感觉自己就是故事中的主人公，亲身感受着故事中的喜怒哀乐与悲欢离合。

我最与众不同的绝招是"耳读"，听到这里，你一定非常惊讶，听说过心读、眼读、口读，从哪儿蹦出来个"耳读"？哈哈！这你就

没听说了吧？"耳读"就是抓出一些零碎的时间让家长把书念给你听。比如说我洗碗的时候让妈妈给我念各种"滋味"的书，我可以和妈妈享受阅读的"美味"，这样见缝插针我就可以与我的朋友——书多交流。呵呵，这招你学会了吗？

书，就像我的朋友，伴着我快乐地成长！它让我得到了更多的"精神食粮"，懂得了更多做人的道理；它帮我普及了更多的知识，上有太空、下至海洋，古今中外无所不包；它还"教"我写作的方法，提高了我的写作能力。

舌尖上的兰溪

叶蒋桥

083

家乡的美食，那真是"美（食）不胜收"！有小麦粿、粽子、清明粿、汤圆……其中，这汤圆就是本期节目的"主角"。

兰溪的汤圆有大有小，味道也有许多种，五花八门，令人百吃不厌，回味无穷。

下面我来介绍汤圆的"成长史"。

揉

先把米粉放进一个容器中，然后慢慢加水搓成团。看似简单，却很容易搞砸，一不小心水加多了，面团就会瘫在那里有气无力，搓的时候也很容易戳破，出现很多"赝品"。水太少了，汤圆就会裂开。所以一定要慢慢地加水，慢慢地揉，漂亮的汤圆可全靠我们的双手把它们揉成一团。

搓

实心汤圆是没馅儿的，把它搓圆就好了。这种小汤圆只要鹌鹑蛋那么大就可以了，吃的时候一口一个，好吃又方便。我着重介绍的是带馅儿的汤圆。

馅儿要先准备好，大小也由自己把握。那怎样把香喷喷的馅儿装进米粉肚里去呢？先把米粉团一小块一小块均匀地分好，然后搓圆，大拇指负责"打洞"，其他四指负责把"洞壁"捏薄，千万不要捏破了哦。然后开始放馅儿，最后封口。封口也要慢慢地捏。如果要圆形的，就把封口那儿多余的取下来，如果不取下来，就把它捏成尖尖的像小蝌蚪的尾巴。做好后，雪白的汤圆一个个圆滚滚的，犹如一件件工艺品。

煮

煮汤圆了。这也急不得，也要慢慢来。等水烧开，先把火关小一点儿，把汤圆一个个慢慢地放进去，用勺子轻轻地搅几下，以免汤圆粘锅，又不能让汤圆翻滚。当它们开始变得更鼓，你要轻轻地让汤圆翻个身，否则会半个熟半个生。待汤圆一个个鼓鼓地浮于水面，那就大功告成了。

吃

煮好的汤圆飞不了，吃也不能急，否则你的舌尖必会遭殃，特别是芝麻糖馅儿的。煮好的汤圆圆溜溜的，横看竖看，左看右看都惹人爱。让人想吃，又舍不得吃。汤圆汤圆，吃汤的为多，在汤里加上各种调料，汤圆浮在鲜美的汤里你就可以大饱口福了。黏黏的，香香的，含在嘴里绝不会化掉。吃了一个又一个，回味无穷。不过别太贪吃，吃多了会有想吃后遗症的，哈哈……

第二次收获精彩

崔景宜

人生仿佛一杯香茗，第一次品尝，你也许会因为苦涩而退缩，当你勇敢地品尝第二次时，你会发现另一种感受，另一份香甜。

我坐在寂静的教室里，眼前是一张白花花的试卷，听着周围"沙沙"的纸笔摩擦声，就想起那湿漉漉的早晨，湿漉漉的心情……

"你最近是怎么了，考试一次比一次差？"老师略带严肃地问我。"我……"我能怎么办？尽管每次都很努力，可分数总是不尽人意。"你是个好学生，你也有实力考好。"老师拍了拍我的肩膀，"别让自己打败自己。"

我暗暗在心底给自己打气：加油！

一次失败，并不意味着沉沦，品味第二次的努力，我收获了坚强。

"嗯！妈妈，你炒得真好吃。"我吃着蛋炒饭，幸福地眯了眯眼，"教教我吧！""好呀！"妈妈宠溺地拍了拍我的头。看着妈妈熟练地打蛋、倒饭、混匀、翻炒，我真是佩服得五体投地。轮到我了，我小心翼翼地打开煤气灶，火苗"哧溜"一下往上蹿。我刚倒上蛋液，蛋花就"噼里啪啦"到处飞溅，火苗也蹿了上来，整个锅变成了一个火球。我慌忙把锅盖盖了上去。妈妈在旁边鼓励我："别急，慢慢来。"第二次，我望着面前香喷喷的米饭，笑了。

一次失败，并不意味着你没有那个资质。品尝第二次的香甜，我收获了成功。

三年级时，我尝试着看《三国演义》，那里面复杂的人物关系和高深的语言就好像一张蛛网，把我紧紧地束缚其中，我气馁地把它放回书架。去年暑假，我无意间发现了这本书，拍掉上面的灰尘，再次仔细翻阅起来。顿时，这本书把我深深地吸引住了，我仿佛看见古代打仗的画面，孔明的安危牵引着我的心，张飞的五大三粗又令我捧腹大笑，这时，我才发现这本书这么好看。

一次失败，并不意味着没有机会，品读第二次感动，我收获了精彩。

人生有无数个第一次，失望，就像偶尔拨不通的电话，再拨一次，也许就有应答。

请相信，第一次是铺垫，第二次才是绽放！

"大肚将军"

孙 楠

  说到"大度"这个词，大家的第一印象一定是绅士，因为绅士们个个都是宽容大度的。但是，今天我要为你们介绍的并不是一位绅士，而是咱家的"大肚将军"。

  他，小小的眼睛，厚厚的嘴唇，大大的肚子。爸爸的脸其实长得还算好看，但正是因为这个大肚子，把他的"美男"形象毁了。平时妈妈给他买新衣服时，他总是迫不及待地要试穿。但等穿上了，他才明白自己的肚子有多大。模特穿着都是只显出胸肌，可老爸的肚子比胸肌鼓得更厉害，把整个腰绷得紧紧的，就像在怀里揣着一个大西瓜一样。

  你瞧，他正挺着已"身怀六甲"的肚子向我走来。"孙楠，吃饭了没有？""没有呢。""快去吃！吃完写作业。""哦。"我随口答应了一声，便朝楼梯口走去。

  "啊！谁呀？"我一屁股坐在地上。不用问，我又撞到老爸的肚子上了。我老爸的肚子不仅大，还很硬。有一次，我要尝试把老爸撞倒。开始，我只是跃跃欲试，怕老爸疼，只敢轻轻地撞。没想到，老爸也不甘示弱，做好了应战的准备：两腿分开，像两个又粗又壮的桥墩，稳稳地把身体给撑住，手背在身后，肚子高高地挺起，看上去胸有成竹的样子。而且，爸爸还出乎意料地说了一句经典名言："我的肚子是一直被模仿，从未被超越！来吧！"难不成你的肚皮比我的脑袋还硬，我倒要试试。"老爸，别后悔哦！""尽管放马过来！"爸爸拍拍胸脯，自信地说。我后退了几步，来了一个短距离助跑，把头低下来，用力撞过去。我一开始以为老爸会坚持不住，疼得直叫，但是，结果却出乎意料——我突然感到老爸刚才还软绵绵的肚子一下子变成了"铁块"，好硬啊！我的眼前一片空白，跟撞上了铜墙铁壁似的。我晕，两眼直冒金星，天旋地转。没来得及反应之时，爸爸的肚子又好像有弹性一般把我反弹回去了。清醒两秒之后，我才反应过来——我的头挑战爸爸的肚子，后者胜。

你看，这就是我家名副其实的"大肚将军"！

家庭乐事

王　柯

我有一个幸福美满的家庭，每天发生的趣事就像五彩斑斓的梦，像玲珑剔透的珍珠，令人神往；又像将一块巧克力放进嘴里，那香浓可口的味道值得你细细品味。其中，有一件事令我久久不能忘怀。

那天晚上，爸爸妈妈靠在沙发上认真地看着报纸，我则胡乱地翻着书，家里似乎只有书偶尔被翻过发出的哗哗声，静极了，也无聊极了。这时我的脑海里闪过一个念头，何不举行一次脑筋急转弯大赛？于是，我夺过爸爸妈妈手中的报纸，大声宣布："脑筋急转弯大赛正式开始！"爸爸妈妈先是一愣，反应过来后便热烈地鼓起了掌。

比赛开始了，爸爸妈妈像小学生似的坐在小椅子上，我则像个小老师一样来回踱步。我思考了一会儿，清了清嗓子，对妈妈说："妈妈，请听题！一个小男孩儿，为何只会笑却说不出话来？"妈妈抿着嘴，皱了皱眉头，想了一会儿，突然茅塞顿开，眉头舒展开来："噢！我知道了，他在照片里。""答对了！"我向妈妈竖起了大拇指。妈妈像打了胜仗的将军，骄傲地抬起头，瞥了一眼爸爸，嘴角露出一丝得意的笑。

轮到爸爸了，爸爸正襟危坐，胸有成竹地说："这次冠军非我莫属！"我冲着爸爸摇摇头，笑着说："爸爸，先别吹，快听题目吧！有个问题不管问谁，回答都是'没'，这是什么问题？"只见爸爸眉头紧锁，手抠着下巴小声地嘟囔着："会不会是题目写错了？""没有啊！要不要我告诉你答案？"我故意挑衅地说。"不，不要，我一定会猜出来的。"爸爸陷入冥思苦想中，一副不服输的样子。过了十分钟，十五分钟，二十分钟……爸爸的眉头依然紧锁着，我实在等不了了，背着手走到他跟前说："你超时了，答案是——你睡着了没？"这时，爸爸才恍然大悟，拍着大腿，笑呵呵地说："对对对，我怎么就没想到呢！"我们一家人开心地笑了起来。

什么是快乐？这就是快乐，一个游戏，一件小事。如果说我的家是一艘船舰，那四溅的浪花就是推动它前进的不竭动力，我们就在这些浪花的推动下进行一段快乐之旅。

对门那个养鸡的老爷爷

梁竹影

我家对门住着一位老爷爷，他的眼睛可以说非常"巨大"，秃秃的脑袋边上有几束头发，正好围着脑袋绕了一圈。他的嘴总是咧着，笑眯眯的，就像瘦版的弥勒佛。老爷爷家有一个漂亮的小院子，院墙的一侧种着金银花，每年夏天，那儿总会有一座"金银花墙"矗立，院子里还会种一些西红柿呀，豆子呀，还有那些既能欣赏又能吃的植物。

老爷爷家养了一只可爱的老母鸡，它有一身黄色的羽毛，一双锐利有神的眼睛，一张尖尖的小嘴，十分活泼可爱。它经常在小区里散步，走起路来慢慢悠悠、昂首阔步，脖子一伸一伸的，我们小孩子都特别喜欢它，常常捉来玩。

有一次，我想捉鸡，可又怕它跑了，就拿了条绳子出去，心想到时候把鸡用绳子拴住它不就跑不了了吗？我好不容易抓住鸡，刚刚把它拴住，老爷爷却神不知鬼不觉地冒了出来。

他此时活像一只愤怒的公鸡，头发气得快直了起来，就像一顶大鸡冠。他径直向我走来，像一只真正的公鸡。脸上的笑容没有了，两只眼睛似乎喷出了两团怒火。

我第一次见他那么生气，可吓坏了！心里想着："三十六计，走为上计，我先逃了再说。"于是，我飞快地逃走了。边逃还边想："不就是一只鸡嘛，用得着那么生气吗？"

回到家，冷静下来我才发现自己错了。那只鸡是老爷爷的"心肝宝贝"。他在小院子里给鸡修了一个漂亮舒适的鸡舍，还让鸡天天在小区里到处跑，只要鸡快活，他就可高兴了。别人一夸他的鸡，他就乐得合不上嘴。我想，他一直没有孙子，一定是把鸡当成自己的孙子了。我欺负鸡，他能高兴吗？

　　那几天，我一直不敢见老爷爷，生怕见到他时他会责备我。

　　直到有一天，我出去玩时，老爷爷拿着一个塑料袋走过来了。我吓坏了，第一反应就是——逃！可老爷爷已经走了过来，想逃已经来不及了。

　　他开口说话，态度和蔼可亲："我想我那天有可能太凶了，这两个鸡蛋是我家母鸡下的，你拿去吃了吧。"望着他蹒跚的背影，我心中升起了对他的愧疚和感激……

　　从此以后，我们两家成了最友好的邻居。我还吃过老爷爷做的爆米花，玩过他做的雪橇呢！我们就算是"不打不相识"吧，相互理解，就能建立起真正的友谊。希望我们两家永远都是好朋友！

091

窨井盖的烦恼

张霭晨

　　一个身体圆滚滚崭新的窨井盖躺在马路中央，这就是我。看着各种纹路的轮胎从我身上压过，看着小女孩儿的红皮鞋欢快地从我身上跳过，听着女士们的高跟鞋踏在我身上的嗒嗒声，我很快乐，这是一种享受，这个职业对我来说，再好不过。

一天深夜，我正准备舒舒服服地打个盹，突然看见对面树下有个人影在晃动。我抬头看看天，一颗星星都没有，弯弯的月亮发出惨白的月光，几朵乌云飘来飘去，月光透过乌云的缝隙照射下来，照射在我的身上。路上除了他，一个人也没有，只有几盏孤灯陪伴着。我头上冒出了一个大大问号："这么晚了，这个人怎么还在大街上乱晃？"可是我没有想到，他的目标竟然是我！他的小眼睛紧盯着我，盯得我浑身不自在，我把身上看了一遍又一遍："嗯？没什么不对的呀！"他很快走到我的身边，我借着路灯看清了他的样子：黄头发，做成两边没有头发，中间有一撮的"鸡冠头"，手上戴着四个戒指，一只胳膊上还文着一只红色的蝎子。他穿着黑色的风衣，戴着墨镜。只见他盯着我自言自语道："嘻嘻，这个井盖很大、很新呀，能卖不少钱呢！"他嘿嘿地笑着，他的笑声令我毛骨悚然。他左顾右盼，忽然拿出钩子之类的一堆工具，开始鼓捣。终于，我被他弄了下来，又马上被他藏在了风衣里，接着他一路小跑地离开了。我望着曾经待过的地方想："小女孩儿，你可别掉下去呀，下面可丑呢！老奶奶，注意安全呀！"

过了很久，我被绑架到了一个叫"收购站"的地方。废品？我觉得不可思议，接着就火冒三丈，"废品，有没有搞错啊？我才出生五天哪，我还很年轻，怎么就变废品了？真是欺'盖'太甚！"我被带了进去，哇呜，真没想到呀，这里居然有我的朋友们。路灯先生垂着头在沉思，车轮弟弟再没有往日滚动的精力了。"你们——"我吃惊极了。护栏无精打采地问候我，我还没来得及回答呢，就被一阵剧痛袭满了全身——我碎了，我疼得昏了过去。等我醒来，我又变成了窨井盖，重新回到马路上。

可惜，没几天好景，在一个夜里，我又被偷了，接着，又回来……这样的场景就像回放电影一样，几乎每天都在上演，搞什么呀，难道我的人生要"无限循环"？

挂在鞋子上的春天

此刻，春天的花儿就都已经暖暖地开好了，你瞧，你瞧，辽阔的田野在风中翠绿地起伏，你看你看，摇曳的柳树姑娘的长辫子上抽出了嫩嫩的芽儿。

这就是幸福

丁薇欣

坐在电脑前，我在翻看新加坡结对伙伴的照片，心中不由自主涌出一股思念，不知他现在在做什么……

我登录了自己的QQ，猛然间，传来了"嘟嘟"声，他的头像显现出来。我立刻点击他的头像，飞快地打上一排字："嗨！你好！在做什么呢？"没过一会儿，他就回应说："我正在上网。"我等不及这样一问一答，便发送视频和语音聊天的邀请，并告诉他接受的方法。几秒钟后，屏幕上就显示了他的笑脸，我对着麦克风问："你能看见我、听见声音吗？""嗯。"喇叭里传来了回音。

我们你一言我一语地聊着，虽然从中国到新加坡需要坐五个小时的飞机，但有了网络就可以面对面的交流。网络不仅让巨大的地球成了一个地球村，而且让我们了解到更丰富的知识。"你来过海门，但还不太了解，我给你介绍介绍！"我对结对伙伴说，但他却回答："我也可以给你介绍海门，海门是中国江苏省南通市代管的县级市，地处黄海之滨，位于长江沿海……"我好奇地问："你怎会这么了解海门呀？"他一边嬉笑一边告诉我："刚才上网查阅的，选了读出来而已。"

在网络上，只要输入要查阅的关键词，就能自动搜索出相关资料，有什么不懂的问题放在网络上，各地的人都会帮你解答。快捷、方便的网络给我们的生活省下多少宝贵的时间，拥有网络是这样幸福。

我 的 烦 恼

顾天天

现在的人们都怕胖，都在拼命减肥，也成了一种时尚，但是他们可哪里知道瘦的烦恼！我就为这"瘦"而烦恼着！

那一次，我跟妈妈去川沙买裤子，好不容易挑中一款，我看中了一条很帅气的裤子，但是这条裤子穿在身上却太肥了，裤腰怎么也卡不住。换了一条最小号的，还是太大！我们接着逛。我又看中一条裤子，而且看上去尺寸挺小，我想，这条肯定能穿，谁知一试穿，那条裤子就像变戏法似的，变得奇大无比，怎么也绑不住我的腰。

我们又走进了一家商店，老板娘一看到我，就说："这个小姑娘长得真秀气，这条裤子最适合她，试一试吧！"她拿出一条黑色灯芯绒裤子，上面有几朵小花，一看就是女式的。我刚要说我是男孩儿，妈妈却不让我开口，叫我试穿，我说："我是男的，这是女生穿的。"但是妈妈却坚持要我试穿，最后还是买了下来。

回到家以后，妈妈叫我把裤子穿上，我不肯穿那条裤子。说："我是男的，不穿女生的裤子！"妈妈说："那好呀！你就光着屁股出去好了。"哎呀，光着屁股出去，那可太那个了，那我不是成焦点人物了？没办法，我只能穿了！第二天，我穿着新裤子上学去，同学们都笑我，一个男生，竟然穿女生的裤子来上学，我怎么争辩都没用，因为那裤子的屁股上的几朵小花，也正在耻笑我呢！我脸都红了。

唉，"瘦"真成了我现在最大的烦恼，我最大的心愿就是：胖！胖！胖！

客串"美眉"

杨　颖

女生走猫步——寻常，男生走猫步——特别。我们班的束桂波就要特别给你看，他可是举班闻名的"MM"，走起路来，还以为他是时装秀表演呢。

"谁来表演一下，女孩子走路，害羞的样子。"老师放下课本笑眯眯地说，手像罗盘上的指针，在同学们的目光中缓缓地划过。选谁呢？千万不要选我，我可不想表演害羞的样子。那"指针"像明白我的想法似的，竟然神奇般地从我这儿划过，停留在束桂波的身上。

"恭喜你，'中奖'了！"我不由自主地窃喜。"束桂波！束桂波！"全班响起一阵雷鸣般热烈的掌声，都想看束桂波的"男孩儿变身"是什么样？束桂波使出浑身解数，也做不了女孩儿的动作，我对他没有信心。

万般无奈，束桂波在大家期待的目光中，慢腾腾地站了起来，忸怩地走到旁边的过道上。他站定以后，稍微抬了头，看了老师一眼，脸颊唰地全红了。他的手一会儿放在背后，一会儿又放到胸前，不停地拨弄着。真看不出，这表演的真是"害羞"啊。接着表演走路，他能走好女生的猫步吗？

同学们的眼睛都睁得大大的，生怕错过每个细节。束桂波左手放在腰上，右手自然下垂，"小蛮腰"左右扭动，从讲台走下来。他的双脚竟然走了一条笔直的直线，比跳拉丁舞的朱露还要好，简直是"女生中的女生"。

这表演真是绝了。老师频频点头："我们班从此又多了一名'仙女'，以后就是九仙女了。"教室里响起了一片掌声。

束桂波真是名副其实的酷"MM"，将来说不定可以反串演戏哦……

最好的选择

鲁俊艺

每个人都有自己的选择，但并没有选择家的权利。可是"小白的选择"却不同，通过它选择家的过程，从各个不同的侧面反映了社会众生相，给我们以宝贵的启示与教育。

小白找的第一户人家的主人是电影明星阿贝哥。表面看来，他是一个阳光帅气、对被毁容的妻子不离不弃的人，然而通过小白和笑猫的观察，发现他是个残忍而狠毒的人，实际上每天都在演戏。于是，小白离开了他。

　　小白找的第二户人家的主人是一对富裕的夫妻。女主人的父亲赚的钱供养他们，从来不用去上班，而且生活奢侈，过着寄生虫般的生活。他们很喜欢小白，对它也很好，有吃有穿，把小白养成了一只胖狗狗，可小白并不满意这种生活。于是，小白离开了他们。

　　小白找的第三户人家是一对慈祥的夫妇。他们对待小白很好，但是小白发现，他们以前待一只叫"心肝儿"的狗也很好，可是"心肝儿"老了之后就被抛弃了，小白怕自己也会被抛弃。于是，小白也离开了他们。

　　小白找的第四户人家是一个像谜似的女人。她对小白非常好，而且教小白做许多事情，使它变得勤快、能干。它帮主人买鲜花饼、卖报纸、扔垃圾等。虽然小白很累，但很觉得有意义。于是，小白最终与女主人生活在一起，相依为命。

　　读完这本书，我既难过而又开心。我讨厌那些表里不一、喜新厌旧、好吃懒做的人，更讨厌欺负弱小动物的人。我为小白找到了一户好人家，快快乐乐地生活，每天都做着一些有意义的事而高兴。

　　我懂得了一分耕耘一分收获，只有辛勤的劳动，才有丰衣足食的生活。人最重要的是心灵的美而不是外表的美。对待小动物，不能因为衰老、丑陋就嫌弃它们，我们要做一个善良的人，也要保护小动物，并且善待它们。

　　这本书使我看到了小白正确的选择，同时也给我以启迪，虽然我不能选择自己的家，却可以选择自己的生活，做一个善良的人，用自己的双手去努力创造美好的生活。

独爱菊花

王静怡

　　姥爷家养了很多种菊花。一提起菊花，姥爷脸颊上的皱纹便聚拢成一朵花，眼睛眯成一条缝。姥爷精心照料他的菊花，浇水、施肥、杀虫、调换光线……我和弟弟一去姥爷家，姥姥就千叮咛万嘱咐："你们可千万别碰折了你们姥爷的菊花呀……"

　　看姥爷莳弄花，我也跟着帮忙，拎水、剪枝、施肥，搬搬这盆，挪挪那盆。我问姥爷："为什么老搬动它呀？"姥爷说："菊花喜阴不喜阳，阳光太强了不行，需要调光；它还喜水，每天都要浇些水。"听姥爷这么一说，真让我增长了不少知识呢。

　　菊花叶子绿油油的，长得很茂盛。到了农历九月，嗬！它开花了，有玫瑰色的，藕荷色的，白色的，黄色的，真是多姿多彩。我望着、瞧着，伫立不动。姥爷说："你愣什么神呀？""姥爷，你看多漂亮呀！"姥爷抚摸着我的头，指着婀娜多姿的菊花深情地对我说："你知道菊花的品格吗？当百花凋谢时它才绽放。因此，你要具有菊花的品格。"

　　"姥爷，什么是菊花的品格呀？"

　　"它傲严霜，独自开。这就是它的品格。"姥爷还向我介绍说，东晋的大文学家陶渊明特别喜欢菊花，他的房前屋后包括篱边都栽种了菊花，他还写下千古名句："采菊东篱下，悠然见南山。"唐朝大诗人元稹也赞颂菊花的品格："不是花中偏爱菊，此花开过更无花。"姥爷希望我要具有菊花的品格，要独树一帜啊。

我爱菊花，更爱它"傲严霜、独自开"的品格。

我与写字的情缘

彭文俊

有一句俗语说得好："字是门楼书是屋。"可见，一个人的字体以及书写习惯是非常重要的。

三年级时，一次上课写语文生字。第二天抄写本发下来的时候，张老师第一个点的就是我的名字，我还以为老师要表扬我，没想到迎来的却是老师的一顿批评。泪水在我眼眶里打转，同学们则在哈哈大笑，有的同学还嘲笑我说："字都写不好，真笨啊！哈哈哈哈，真笨！"这些话深深地刺进了我的心里，使我狼狈不堪。回到家，妈妈就对我说："君君啊！张老师说了，你这次在抄写本上写的字特别不端正，你要改正了！""我知道，我又不是听不懂人话！"我小小的心中也充满了愤怒和难过。

爸爸见状，连忙把我带到了电脑前，给我播放了一段视频：我国古代有一位著名的书法家，他七岁的时候已经练出一手好字了。但是，他并不满足，仍然坚持练习。他天天在池塘边练习毛笔字，池水都被染黑了。有时候他一边想着字体，一边用手指在自己的衣服上练习。就这样，日久天长，他把衣服都弄破了。由于他坚持勤学苦练，成了当时最有名的书法家。这个故事带给了我深深的震撼。

见我低头不语，爸爸语重心长地对我说："君君，你如果努力的话，你的字会写得很好的，可是你没有努力呀！"

一段视频，一句话，一个念头在我的脑海中萌生了。我心想：对啊！如果我努力的话，也许我的字会比别人更出色。

我翻开《小学生同步描摹字帖》，选了其中一页，用夹子夹住，专心致志地练起了字。之后，爸爸检查我的字，还把我写得好的字用红笔画了圈。看着红圈字越来越多，爸爸、妈妈都为我的进步而高兴，我心里像喝了蜜一样，别提有多甜了！因为我喜欢练字，坚持练字，我的字也写得越来越漂亮了。

这不，现在的我不但承担了板报设计任务，而且书法栏目，大家也一致推举我写了呢！冰冻三尺非一日之寒，我庆幸自己拥有一个良好的书写习惯。

101

稻　　香

刘烨华

"还记得你说家是唯一的城堡，随着稻香河流继续奔跑，微微笑，小时候的梦我知道……"当熟悉的旋律再次响起，我闭上眼，静静聆听。转眼间，童年只剩一个尾巴，伴着音乐，我又听见午后的蝉鸣，童年田野上的稻香又钻入鼻中……

挂在鞋子上的春天

女孩儿和姐姐站在阳台上，抬头便是那漫天繁星，月光淡淡地洒下，朦胧了地面，田野中蟋蟀与蝈蝈的二重唱醉了一弯明月，甜丝丝的稻香从远处传来，沁人心脾……

"姐，我们明天去捉蜻蜓好不好？"女孩儿吸溜吸溜鼻涕，满怀期待地问。

"好啊！记得要带上瓶子哦！"姐姐叮嘱道。

"所谓的快乐，赤脚在田里追蜻蜓追到累了，偷摘水果被蜜蜂给叮到怕了，谁在偷笑呢？我靠着稻草人吹着风唱着歌睡着了……"我轻轻哼唱着这首轻松快乐的歌谣，决定像歌中的主人公一样玩耍，脱下鞋子，才发现泥土被太阳晒得滚烫，只好赶紧把鞋子穿上。我虽然喜欢蜻蜓，但却不擅长捉蜻蜓。而这些小机灵，背后像长了眼睛似的，总是能在第一时间发现我伸出的"魔爪"，像直升机那样"嗖"地飞走了。

姐姐那里收获颇丰。我们把捉来的小蜻蜓放在瓶子里，看着它们在瓶子里奋力地扇着翅膀。姐姐家的小狗透过玻璃瓶打量着它以前从来没有看过的东西，它把整张脸都贴在了玻璃上，差点儿把鼻子给挤扁了呢！谁知姐姐竟然把玻璃瓶打开，让蜻蜓飞了出去。我急了："姐，你干吗把蜻蜓放掉，害我们又要重抓！""这里才是它们心中最美好的地方啊！如果有人把你也关在一个玻璃瓶里，你会开心吗？"我似懂非懂地点了点头。

对啊！家才是最美好的地方，我们人离不开家，蜻蜓又何尝不是呢？不过，蜻蜓的家在哪儿呢？在淡淡的稻香中吗？我一个劲儿地追问姐姐蜻蜓的家在哪里，田野上，洒下我们一串串欢声笑语……

妈妈的创可贴

胡昕然

今天，我看到一篇有关"创可贴"的文章，说的是关于母爱的故事。文中有这样一句话："每个人既需要创可贴贴补伤痕，也需要母爱来填充心灵的创伤。"这句话让我不禁想起妈妈的那些创可贴。

一天，妈妈买了两盒创可贴回家，我好奇地问她买这么多创可贴干吗。妈妈淡淡地笑道："创可贴是家庭常备的物品，虽然小，但缺不得。"当时，我并不以为然。

过了几天，我的手不知道被什么利器划了一道口子，鲜红的血流了出来，我手忙脚乱地用纸巾擦拭着，可伤口好像决了堤的洪水，很快便染红了纸巾。妈妈见我受伤了，箭一般地冲进房间，焦急地打开床头柜，拿出创可贴，小心翼翼地给我包扎。果然，血一会儿就止住了。包好后，妈妈还轻轻地对着伤口吹了几下，关切地问我："疼吗？以后做事要小心，不能这么鲁莽！"我一个劲儿地点头，庆幸妈妈记得备着创可贴。

四年级时竞选大队长，我积极参与，胸有成竹。竞选那天，我怀揣着激动的心情走上讲台，自信满满地参加竞选演讲。可最后，我失败了，我心里很不是滋味。晚上放学回家，妈妈见我闷闷不乐，便问我遇上什么麻烦了。我把竞选的事告诉了妈妈，妈妈温柔地鼓励我："别不开心，你能参加竞选就说明你有接受挑战的勇气，当不当大队长没关系，关键是你要战胜自己，不要被失败、挫折打消难能可贵的进取心。你参与了、努力了，虽然失败了，但是你却收获了很多东西，是不是呀？"妈妈的话像一张创可贴牢牢地贴在我心灵的伤口上，让它不再隐隐作疼。

从妈妈给我贴上创可贴的那一刻起，我知道，她的爱无处不在，她时刻准备着甚至愿意用自己的一生来治疗我的伤痕。妈妈的创可贴永远贴在我的心中，牵引着我一步步走向美好的明天。

猪 追 我

王文萧

一提起这事，我就想笑。我居然让猪追得到处跑，真是笑死我了。

有一次，我到姥姥家去玩，家里的老母猪下崽了，我直奔后院想看个究竟。

到了后院，老母猪侧着身子趴在那里，一行肉嘟嘟的小家伙在趴那里，个个嘴里含着母猪奶头，使劲地吸吮着。我数了一数，一共八只小猪，五只白的两只黑的，还有一只小花猪十分精神，十分可爱，它那白白的身上隐隐有黑色的斑点，像绣上了许多小黑花。猪宝宝吃饱了，就卧在老母猪的怀里睡着了。

看着看着，我悄悄溜进猪圈，用手轻轻地抚摸着它，那光滑而又毛茸茸的样子，真是越摸越觉得小花猪可爱，于是我情不自禁地把小花猪抱入怀中。谁知道，这下我可闯大祸了，那只老母猪突然站起来，瞪着圆溜溜的眼睛向我大叫，意思好像是让我把小花猪放下，否则对我不客气。

我回瞪了它一眼，指着它的头说："呵，就你这样还敢跟我发脾气，我偏抱，看你能把我怎么样！"我越说越得意，抱着小花猪就跑出了猪圈，还顺手把门给关上了。

可我不知道老母猪有这么大的力气，它竟然把猪圈门撞倒了，这下可把我吓坏了，抱着小花猪撒腿就跑，老母猪气冲冲地，紧紧地追在我后面。我一边跑一边顺手拾起一根树枝朝老母猪扔去。看到姥姥，我来不及和姥姥说话抱着小花猪就冲出了家门，姥姥以为我在玩，就进了屋。谁知老母猪这么厉害，不管我怎么往后扔树枝，它还是没有害怕的样子，只见它咬着牙，咧着嘴，样子十分可怕。

我害怕了，只好把小花猪放下来，迅速地跑开了。老母猪夺回自己的孩子，才停下了追赶，可我已经被老母猪追得筋疲力尽了，一屁股坐在地上直喘气。姥姥看见老母猪带着孩子回家了，就把它关进猪圈里，这时姥姥才想起了我，开始担心起来，直到我回了家，姥姥才放下心来。

现在，一想起这件事我就想笑，可是我一点儿也不生老母猪的气，为了孩子的安危不顾一切地追赶，它对小花猪深深的爱，使我感动，就像我们的母亲对每一个子女的爱，是伟大的爱。

足球场上的"三十六计"

李永威

　　观众朋友们大家好，接下来是现场直播的集美小学足球赛，我是解说员兼球员李永威。兵法中，"三十六计"是非常著名的，其中的一些计策如"声东击西""擒贼擒王""釜底抽薪"等在现代战争之中仍经常用到。你知道吗？三十六计在足球场上同样适用哦！

声 东 击 西

　　火药味，在空气中弥漫。对面就是大门！接到了守门员传球的我深吸一口气，带球从右边向前猛冲，速度快得像一支离弦的箭。我如入无人之境，连晃过两个人，单枪匹马长驱直入，插进对方阵地。对方见我来势汹汹，急忙派了四员大将把我团团困住。我却出其不意，看准了缝隙，一个长传，哇，原来左边，我的战友黄阳晨已经等候多时了！这就是我们声东击西之策！黄阳晨接到了球，四员大将见状，急忙回防，但已回天乏术。黄阳晨一个假动作，骗过守门员，守门员想去扑球，却倒在了地上。黄阳晨一脚怒射破门，1比0！

瞒 天 过 海

　　我方的破门让对方怒火中烧啊！他们眼中喷射着复仇的火焰，每个细胞都愤怒地燃烧着。于是，我们引用了《三十六计》的开头一计——瞒天过海。接连几脚射门，我们都装作无力还手，几个后卫和几个中锋总是被晃过，直到最后关头，当足球愤怒地直扑球门时，守门员才将球扑出，化险为夷。敌人进攻的气焰正盛，再加上我方"实力软弱"、"不堪一击"，他们正心花怒放，对我们的几个前锋放松了警惕，连守门员也"玩忽职守"了。好机会！守门员把球直接开到前场，我不等对方反应过来，接到球后马上顺势一脚，守门员看见时为时已晚，足球怒吼着飞入球门。2比0！

调 虎 离 山

　　敌方阵营之中，有一只令人闻风丧胆的"猛虎"——后卫卢济华。我方好几次进攻皆被他破坏掉了。他的必杀技"死缠烂打"曾让多少球手痛失破门良机？于是我们决定：调虎离山！

　　陈荣欣得球，向前突进。卢济华急忙出动。荣欣几次想晃过去，卢济华却死缠着，但又没有犯规。荣欣突然从卢济华双腿之间一个妙传，传给了阙宇航。卢济华又直扑阙宇航，阙宇航回传给陈荣欣，陈荣欣又找到机会把球给了阙宇航……最后阙宇航一个助攻传给了我，我起脚凌空射门，卢济华正在陈荣欣和阙宇航那里徘徊呢！守门员扑救不及，3比0！

　　在三十六计的帮助下，我们构筑了一流的攻击线和防御线，就算对手是巴萨，我们也无所畏惧！谁？谁拿球砸我？就算吹得有点儿过，你也不至于这样吧？哦，观众朋友们，刚才出了点儿小意外，现在已经解决了。我想说的是：智慧足以战胜一切！智慧是从梦想到现实的桥梁！智慧是一个人最宝贵的财富！有了智慧，你就什么也不用怕了！

都是蚊子惹的祸

王倩格

下午上作文课的时候，赵老师正在讲课。突然，一只蚊子飞了过来，在我耳边"嗡嗡"直叫，好像在对我说："王倩格，我渴了，让我叮你一下。"它趁我不注意，朝我左胳膊上狠狠叮了一下。顿时，我的胳膊上出现了一个红红的大包，奇痒无比。

"死蚊子，你活腻了，居然敢叮本格格我，真是胆大包天，看看格格我怎么收拾你。"我嘴里嘟囔着，便趁赵老师没留神，向蚊子发起进攻。我扭转身子，边用双手拍打着蚊子，边小声冲它说："让你叮我！让你叮我！"

我正追打着这只蚊子，忽然，又飞来一只蚊子，显然是这只蚊子的援兵。它俩边在我头顶上飞，边"嗡嗡嗡"地叫，好像在轻蔑地说："格格有什么了不起，我们就是欺负你，看你能把我们怎么样！"

是可忍，孰不可忍。顿时，我火冒三丈，心想：大胆蚊子，欺人太甚。我若不灭了你们，誓不为人。

我举着双手，跟蚊子鏖战起来。怎奈这两只蚊子异常狡猾，我怎么打也打不着它们，反而脖子被它们狠狠叮了几下，顿时奇痒难忍。

我欲战无力，却也欲罢不能。可恶的蚊子，简直要气炸我的肺了！我跟你们拼了！我举着双手，在空中不停地拍打着。可是蚊子却一次次轻巧地躲过了我的巴掌。

正在我跟蚊子战得难分难解时，忽听赵老师一声大吼："王倩格，你干什么呢？"我一惊，猛地站起身，结结巴巴地说："没……没干什么，打……打蚊子呢……"

同学们一听，全都哄堂大笑起来。赵老师没批评我，只是用眼睛不满地瞅了我一眼。顿时我感觉脸上火辣辣的，像是谁用巴掌扇了几下似的。

唉，蚊子，都怪你，是你捣乱，使我违反了课堂纪律。

我有一双火眼金睛

赵 逸

由于我多年担任寝室长，且非常热爱这份工作，于是练就了一双火眼金睛，同学们任何细微的差错都逃不过。

每天起床要叠齐被子、抹平床单。可有的同学的被子总是歪歪扭扭的，床单也总是皱巴巴的。我反复教，他们都不达标，后来就耍小把戏"糊弄"我——把床单抹平的一边让我检查，另一边皱巴巴地藏在被子底下。我很快发现了异样，掀开被子便原形毕露。他们佩服地说："你不愧有一双火眼金睛啊！"

为了集体的荣誉，我想了一招：教他们把叠好的被子先放在椅子上，然后把床单弄平整了，再把被子放上去，效果又快又好。

最容易出差错的还有镜子。有些同学用抹布擦完水迹后就走人了，认为自己完成得很好。我常常被镜子上的"抽象画"给惊住，原来，一滴滴水垢竟成了一幅幅"朦胧画"。这还了得，要是被老师看到了……我赶紧拿来报纸先擦一遍，用餐巾纸再擦一遍，这才还原了镜子的原貌。

后来我把这个方法教给了同学们，从此以后，我们寝室的镜子再也不"朦胧"了。

我每次走进寝室都会习惯性地环视一周，看到整洁的寝室就会感到非常高兴。

有一次，我刚进寝室就觉得不顺眼，到底哪里出了问题？我又环顾了一遍，目光落到了书架上，三个空饮料瓶非常"扎眼"地立在那儿，活像几颗定时炸弹，随时要爆炸。我箭一般冲了过去抱起它们扔进了垃圾桶里。突然，一个身影从厕所间里冲了出来直奔书架，惊呼："瓶子呢？""已经帮你扔了。"他舒了口气说："刚才我内急，没想到那么短的时间里，三个小瓶子都逃不过你的火眼金睛呀！"

我用火眼金睛纠正了同学们的小毛病，捍卫了我们寝室的荣誉。

在我的努力下，同学们就像亲兄弟，互帮互助，寝室就像我们的家，整洁舒适。

追　月

薛　林

日历一页页地翻过，生活的酸甜苦辣也都一一品尝过。曾经为成绩黯然神伤，看着周围愁眉紧锁的同学，心情也跟着沉重，也开始迷惘，开始抑郁。

期中考试过去了，晚上，我双眼无神地盯着眼前的试卷，泪水又不争气地滑落下来。

不经意地瞥过窗外，目光便定格在了天空。月静静地挂在天边，微笑着望着我，我愣住了，渐渐地，心中也仿佛升起了一轮月。月光在云层中抛洒，像银色流水般慢慢融化了云层，融化了我的心灵。我重新提笔，继续努力，为梦想开始奋斗。

既然说不清苦恼什么，就不要再蹙眉；既然搞不懂悲哀什么，就不要再沉重。多做几个深呼吸就可以点亮希望，多微笑几次就可以找到快乐的真谛。

也许我是一个快乐的人，因为我从不在一件小事上钻牛角尖，找无谓的烦恼来吞噬自己的快乐；或许我是一个感伤的人，面对一朵花的凋谢，一片叶的飘零而思绪万千；更或者我是一个感性的人，总会在不经意的瞬间因某些不经意的事而泪流满面。

平日最经常做的，便是欣赏天边柔美的月了。独自倚在树下，抬头看，深蓝的天空无边无际，静谧回荡在小院里。月光花的花瓣悄然开启，何时多了丝甜蜜？凉风抚摸着我的发丝，月光洒得遍地都是。充满遐想地望着圆月，仿佛诉说着无尽甜蜜。

当天际由深蓝转变成暗蓝时，月光便如水似的洒向了大地，那么柔和，那么灵动。月光尽情地在云间漫步，地面也泛起了柔和的银色，竟是如同霞光，好似纱缦，仙境一般。她悄无声息地穿越了人世间的情感连绵，让自卑的人找回自信，让悲伤的人重拾欢笑，让脆弱的人变得坚强。

霜露冷，繁星依旧，皎月横空。星渐闪耀，月在浅笑，夜很安详，暗叹一声：只为追逐梦中那轮月！

迈过那道坎

112

蔡云裳

人的一生就像在大海上航行，总要搏击无数道浪，总要经历无数道弯。也许有很多时候你坚持不住了，想要放弃，事实上，只要你挺一挺，就一定会有别样的收获与惊喜。

记得我十岁那年，我的奶奶去世了，当时我哭得很伤心。因为爸爸妈妈在外面上班，我在家里上学，所以小时候的大部分时间都是跟奶奶在一起的。

又是一个星期天，比我大一岁的好朋友小雨照例来到我家。她看见我在房间里流泪，就问我："是不是又想你奶奶了？"我低低地回答道："嗯。"她照例努力地安慰我，看见没有效果，突然对我吼道："你给我站起来！哭，哭有什么用？都三年了，跟你说过多少遍了！你在这里哭，你奶奶就会死而复生吗？如果能，我支持你哭，陪你一起哭，哭个昏天黑地！每个人都有生老病死，你说，这有什么办法？"她见我还在小声地哭着，好像感觉刚才对我凶了点儿，便又带着歉疚劝慰我："对不起，我话重了。别哭了，如果你的奶奶看见你这样，会更伤心的。她希望你快快乐乐地生活啊……"

也不知道到底是那句话，让我的内心深处好像突然被击中了一样，渐渐止住了泪水。抬起头，看着她，顿时觉得，她的眼神就像奶奶的眼神一样，饱含无限关爱地看着我。

后来，虽然我还会一想到奶奶就难过，但有她陪伴在我身边，我就觉得很安心。也许，她就是我奶奶派来的守护神吧！

转眼间，四年过去了。在这四年中，当我想奶奶的时候，我总会看着蓝天，看着星空，因为我相信，奶奶正在天上守护着我呢！

现在的我少了一分柔弱，多了一分坚强；少了一分稚嫩，多了一分沉稳；少了一分悲伤，多了一分快乐。

前行的路途上，坎坷总是有大有小。无论如何，勇敢地面对它，克服它，才是正确的方法。它就像弹簧，你弱它就强。如果你退缩了，那你就会山重水复疑无路；如果你坚强起来，那你就能柳暗花明又一村。

113

像樱花一样生活

赵博宇

依稀记得，校园里种着几棵樱树。但是，由于它的花期太短，并且凋谢时花瓣散落一地，让人难以清理。久而久之，几棵樱树逐渐被"打入冷宫"，被孤独地移植到了校园中最冷清的一隅，无人问津。

初春的一天，不知为何，我竟无意间走到了那冷清的一角，与那几棵尘封在记忆深处的樱树重逢。虽说冬天的寒气还未完全退尽，但气温早已回升，还有阳光的照耀，可是这几棵樱树却好像依旧停留在严冬一般，毫无生机可言。乌黑的树干仿佛被烈火焚烧过的木炭，可又带给人刺骨的寒意。树干的尽头，是细小而枯干的树梢，没有一丝水分，干枯而易碎，一阵风就将其吹得摇摇欲坠。树枝之上，是那小得不能再小的花苞，只有一丝极细小的粉色或白色露出，柔弱而娇嫩。整棵樱树，都让人感觉"可远观而不可亵玩"。生怕走上前去一口热气，就会把它那脆弱的生命吹散。再看看，不远处的几株玫瑰早已含苞待放，娇艳欲滴，引无数人驻足相观。"唉。"我叹口气，转身离开，内心不由得为那可怜的樱树担忧。

大概半个月以后吧，我再次无意间与那几棵樱树重逢。非常意外的是，它们居然开花了。粉的、白的，一团一团地拥簇着，带着扑面而来的清香，如同来自天国的活泼的精灵。与旁边浓妆艳抹的玫瑰相比，素白的樱花更像一位不加修饰的素颜仙子，虽说少了一份妖娆神秘，但却平添了一丝清丽淡雅，让人耳目一新。我微微一笑，很为这些樱花高兴。

又过了大约一周，我再次想起了这棵樱树，于是便前去观看。让人大吃一惊的是，樱花竟然凋谢了。此时正是傍晚，在火红的夕阳的余晖下，在温和的晚风的吹拂下，大片的樱花纷扬散落。那白的近乎透明的花瓣，在一片火红的照耀中如同火焰一般。大簇大簇的樱花缤纷飞舞，似在跳着一场绝世的舞蹈。这一刻，它的美压过了世间万物；下一刻，它永远沉睡了下去。这一瞬间的美，是它燃尽生命所得！

所谓樱，其实是伟大的花啊，华美而坚贞。它的花期只有一个星期，于是在这一个星期里达到极盛，接着便在一夜之间凋零。那一夜，它才是最美的，美得惊心动魄。

生活不也应该如此吗？像樱花一样生活，明知生命是有限的，也要轰轰烈烈地书写恣意人生；明知自己无人关注，也要燃尽生命留下最美的一瞬。这，才是真正出彩的生活！

115

怀念金色童年

曹 敏

幽寂的林荫小道，通常没有旅人的脚印。而我却眷恋着这里，一草一木。我并不是什么寻林者。也许是因为心灵需要安慰，我几乎每天都要踏入这片鲜为人知的土地。听一听"老朋友"的风雨协奏曲，闻一闻散落在空气中的婷婷回忆，喝一喝飞流而下的甘霖水露。

我只是一个觅乐者。在林荫的恍惚里，曾经有一棵大树。她说，她和我一样，情投于，赞美着一山一水；情投于，在清澈的碧湖边，抚摸着垂柳，讲着细细喃语；情投于，在漫漫无人烟的山间，静静等待着，落日丝丝害羞的黄晕。她俯下身来，悄悄地告诉我，她叫童年。每当我经过一棵棵大树，却总能在冗杂之中找到那棵童年。而她也能在耳畔萦绕的千百种声音中，找出那最清纯无瑕的那个我。碧湖边的身影，不再只是一个羞涩享受着成长的孩子。漫漫无人烟的山间，不只是一个无知瞭望着生活的孩子。细腻的心思和幼小的心灵装载着无人知道的时间密码，更多的却捧起那个似大树的童年。"来吧，我们一起划船！""不行，我不能再玩了。"戴上厚厚眼镜，背起鼓鼓书包的我，无声无息地从童年身边离开。流水般的记忆，随着我沉重的脚步和阳光的消逝也一并消逝。

这是一个怎样的世界，没有人回答，所以我只有探索着，思考着，努力走出这片迷茫的黑暗。我发现，这是一个混沌的世界。一切都那么陌生，那么新奇，时不时又有着让我心惊的冒险，我刺激，我兴奋，我渴望，那与众不同的所有，等着我来开启。跟着潮流一起舞动，随着世界一起疯狂。

我发现，这是一个梦幻的世界。一切唯我独尊。没有约束，没有管教，快乐的心在清澈的蓝天上飞翔。随心所欲，沉浮在幻想的长河中，难以自拔，让时间停止吧，我愿就此长眠，让梦幻侵蚀吧，我愿就此沉沦。

我发现，这是一个疯狂的世界。一切的人或事，忽而远在天涯，忽而又近在咫尺，让我看不清，摸不透。刚开始消失的沉重感如汹涌的波涛一般涌来，又如空气一般抽离。我问所有人，所有人都笑而不答，眼神中充满了期盼与鼓励，我明白，转身回到那个疯狂的世界，让疯狂继续着我的疯狂。我发现，这是一个迷惘的世界。时不时袭来的疼痛感让我压抑，好像在提醒我失去了什么，我不明白。那原来的一切在我眼前变得模糊极了，好像风一吹，就烟消云散。我试图抓紧什么，却扑了个空。随之逐渐清晰的是那些被我丢弃的东西。测验，背诵……虽然烦躁，却有一种莫名的熟悉感，心静的没有一丝波纹。

我发现，这是一个说不清的世界，既有着酸甜苦辣，又有着梦幻城堡，虚虚实实，只有靠心去品味，才有原来的那方辽阔。

欢笑流进小河里

李淑敏

今天，风轻云淡，天气晴朗，我和几个小伙伴一起来到家乡——三洲峒坝捕鱼。

离开老家的大院没走多久，我们便来到了家乡那条清澈见底的小河，它终年潺潺地环绕着村庄。河的两岸有几棵垂柳，那长长的柳枝贴在水面上，时不时地梳洗着绿色的长发。天边飞来了几只水鸟，它们站在枝丫上唱着欢快的歌儿，河水也发出动听的声音应和着，合奏出一支支美妙的乐曲。

你瞧，河里的小鱼可真多啊！这儿一群，那儿一伙，它们成群结队，不住地在水中自由自在地穿梭着。我心想：这儿的鱼这么多，这下我们会大丰收的。

开始捉鱼了，虽说河里的鱼儿多，但是它们太滑了，眼见捉到手上的鱼却一下子就滑走了。就这样，我们捉了半天，连一条鱼也没捉到，令我们懊恼极了，只能看着游走的鱼儿叹气。等我们转过神来再捉另一条时，鱼儿却全被我们吓跑了。正在大家沮丧的时候，我突然发现了一块新大陆，忍不住惊叫道："河里有田螺，去捉田螺吧！"大家一听，异口同声地拍手叫好。

捉田螺行动立刻开始了。"快来！快来！"馨馨叫嚷，"这儿有五个田螺！"小小也在一边喊道："我这儿也有很多！""田螺太多了，一个瓶子放不下！"雯雯立即叫道，"我多找几个吧！"

不一会儿，我们就拿着满满一罐子的田螺，哼着快乐的小调一蹦一跳地回家了。

我们的欢笑声流进了小河，又随着小河流向了远方……

好吃又好看的糖画

袁逸凡

一天，我到月牙湖公园玩，刚跨进大门，就看到一群人围着什么东西，里三层，外三层，好不热闹。我见了，也想凑个热闹，就硬是挤了进去。

噢，原来是一个艺人在做糖画呢！活泼可爱的小兔，仰天长啸的马儿，威风凛凛的老虎……看着这些惟妙惟肖的糖画，我垂涎三尺，缠着妈妈给我买，妈妈经不住我纠缠，只好同意了。

那个艺人是个笑吟吟的老爷爷，他见我走来，便指着转盘说：

"小朋友，你来转个动物，我给你做。"我轻轻拨动指针，指针飞速地转了起来。快要到我的生肖了，我紧紧盯住指针，急切地说："停！停！"那个指针像是能听懂我的话似的，竟停住了！我高兴极了，在老艺人旁边蹦蹦跳跳。

接下来就该做了，这是最关键也是最精彩的部分。只见老艺人撸了撸袖子，拿起勺子，舀了一勺糖稀，把勺子移到大理石板上，微微地倾斜。糖稀像丝线一样流到了石板上，他的手在大理石板上来回地挥动，不一会儿，一条蛇的轮廓就出来了。他又拿了一根竹筷在蛇上轻轻一滑，蛇身上的花纹就显现出来了。旁边的人不禁拍手叫好，我也赞叹道："真是巧夺天工！"最后，老艺人拿了一根竹筷按到了糖画上，用铲子一挑，一条活脱脱的蛇就呈现在了我的眼前。

我连蹦带跳地跑到妈妈身边，大口大口地咬了起来。"嘎嘣，嘎嘣"，真甜啊！

如果你问我最欣赏并喜欢的民间艺术是什么，我会毫不犹豫地说："糖画。"

119

关于名字的猜想

刘俊杰

最近，我对自己为什么叫"刘俊杰"产生了兴趣。我绞尽脑汁，寻找着答案。

童 话 版

我天赋异秉，出生之后人们就喜欢叫我"小天才"。七个月我就会爬，十个月我就会喊爷爷奶奶，刚满周岁我就进入了宝宝学前班。两岁会数数，五岁会算数，六岁会奥数。在我升入小学的时候，学校特别给我颁了一个"俊杰"奖。回到家里，我把这个好消息告诉了老爸，一直在为我的名字纠结的他，灵机一动，兴奋地说："孩子，整天'天才''天才'地喊你太招摇了，以后就叫刘俊杰吧！这样既有纪念意义，又有天才的含义，岂不一箭双雕？"从此"刘俊杰"这个大名就诞生了。

天 意 版

爸妈生下来我之后，一直为取名字而苦恼，正当他们犹豫不决的时候，老妈突然来了灵感，说用抽签的方式决定我叫什么名字。所谓抽签，就是爸妈各自在《新华字典》里翻到哪页，就选这页中最有价值的字，然后组合成我的名字。

老爸凝神祷告，精心一翻——254页，就选——俊。老妈也不落后，只差焚香祷告了，她郑重其事地翻到了232页，一眼就选中了"杰"。"杰俊！""俊杰！""俊杰，对呀！刘俊杰，这个名字不错，就这样定了，叫刘俊杰！"最后老爸拍板，我的大名诞生了。

现 实 版

为了验证自己的猜想，我问老妈为什么给我取名为"刘俊杰"，想不到她给我的答案却是如此轻松。

我出生之后爸妈看我是个男孩儿，便想取一个响亮又好记的名字。叫什么呢？老妈想让我长得好看，便想到了"俊"字。老爸想让我出人头地，就想到了"杰"字。"俊杰"，这个寄托着爸妈美好愿望的名字就这样顺理成章地诞生了。

原来我的名字是这么来的呀！

我喜欢冬天

李梦瑶

一年有三百六十五个日出，日出而作，日落而息。一年之计在于春，一日之计在于晨。春天是万物复苏的季节，许多人喜欢春天，但我不是，我喜欢冬天，尽管冬季寒风刺骨，但我依旧喜欢它。

我爱冬季，是在什么时候？可能随着年龄的增长，以前不喜欢的现在都觉得它们如此可爱。冬天，伴着层层乌云，悄然而至。可能在不知不觉中，让我们还没有一丝的觉察，它已经来到了我们的身边。当人们觉得冷风刺骨的时候，当人们不自觉地将手揣进衣兜的时候，冬天到了，来的悄无声息，可又感觉给了我们某些信息一般。

冬天一到，可乐坏了我们这些小孩子，还不等雪停，我们就迫不及待地冲出门去，迎接冬天的到来。印象最深刻的就是，每年的正月十五，总是要下很大一场雪，而风雪过后，堆起来足有一成年人那么高，这个时候只见家家户户出来铲雪，只能铲出一条羊肠小道，只够一人过去。家家门前纵横交错着这些小道，又变成了我们游戏的天堂。那个时候我最喜欢的就是穿梭在错综复杂的小道上，好像走迷宫似的，从起点走起，左转转右转转，转来转去竟走进了死胡同，没办法只能再原路返回，尽管总是"碰壁"，可我还是"乐此不疲"的玩着。

我喜欢冬天，它虽没有春天的生意盎然，亦没有夏天的热情似火，也没有秋天的秋风飒爽，但是冬天有冬天的美，它的美是含蓄的美，它的美是婉转的美，它的美是不为人知的美，它的美是我毕生最珍惜的美。

躲在黑夜中的温暖眼睛

裴 蓓

我的妈妈，是世界上最好的妈妈。

一天晚上，夜深了，我突然想上厕所。可是当我走到厕所门口时，却听到了"呼呼"的声音，这可怕的声音让我想起了奶奶以前给我讲的鬼故事。这样想着想着，我不禁打了个寒战。周围黑漆漆的，只有我一个人，我害怕极了。

天啊，鬼会不会把我吃掉呢？我鼻子一酸，哇哇大哭了起来，一边哭还一边喊："妈妈，妈妈，我好害怕，鬼，鬼，有鬼，你快过来陪我，呜……"

我以为妈妈会马上跑过来，可是，妈妈却用一种冰冷的声音说："怕什么怕，不是跟你说了世界上没有鬼吗？上完厕所就赶快回来。"我哭得更凶了，怕得不敢前进也不敢后退，站在原地。我被风吹得瑟瑟发抖，全身发凉。我的心也冰凉了，妈妈现在一定是觉得被窝里很暖和，不想出来受冻！但是，为了你的女儿，你为什么不能牺牲一下呢？

可是，我不能一直站在那里吧。于是，我咬着牙，小心翼翼地上完了厕所，这时我感觉战胜了自己。我正为自己高兴时，看见了一个人影，定睛一看，原来是妈妈，她发现我看见了她，急匆匆地走了。

啊，原来妈妈一直躲在黑暗中偷偷看着我呀，我的心一下子又温暖了起来，原来妈妈还是很关心我的！

后来，我长大了，也学会了理解大人。我想：妈妈当时一定是想锻炼我的胆量，不让我对她产生过分的依赖，才假装对我不关心的。可是，她又对我放不下心来，所以，一直在黑暗中默默地看着我，她一定是很担心我的。

就是这种母爱的力量，一直在支持着我，使我有勇气去做每一件事，我知道，无论在哪里，都有一双眼睛用鼓励的目光看着我！

希望老妈加班的 N 个理由

黄倩莹

妈妈终于由家庭"煮"妇变为"职业女强人"了，我不禁欢呼喝彩。妈妈闲暇在家的日子，就是我在"牢笼"被困的时光，现在，妈妈上班了，我祝愿上天再眷顾我，希望妈妈加班，周六加班，周日加班，因为——

还我自由之身

妈妈在家的日子，我除了上课，五天不出院门，三天不出家门，一天不出房门。"养在深闺无人识"，有一次破天荒地在楼下玩，守院门的老伯伯亲切地问我："小朋友，干什么跑这儿来玩？你迷路了吗？"每次同学相约去玩，我总是提心吊胆地向妈妈申请，软磨硬泡都得不到恩准。除了埋头于"题海"，挣扎于"学海"，我只能借着想题的空隙发一下呆。而妈妈如果加班，或者开会、出差，就再无闲工夫限制我的自由，那么我就是挣脱牢笼的囚鸟，可以尽情地阅读心爱的漫画，忘我地与朋友疯玩一回，真爽！

升级家庭小主人

当初，妈妈牢牢把持家政大权，每月施舍给我的零花钱少得可怜。而今，妈妈的精力几乎全放在工作上了，只好当个甩手掌柜，把当家庭主人的位置拱手相让。从此，我手握每个月的家庭日常开支，每顿菜花多少钱，吃什么菜式，全由我做主，每当用"揩油钱"买雪糕奖赏自己时，那感觉真是从嘴里甜到心里。

增进亲子感情

妈妈变成"工作狂"，与我相处的时间少得可怜。每每很晚回家，我已睡着了。她愧疚之心油然升起，难得在家下厨，恨不得弄个"满汉全席"慰劳我。妈妈一边往我碗里添菜，一边说："都怪妈妈没空接送你，去不成补习班，你不怪妈妈吗？"我顺势做乖乖状，并大度地对妈妈说："工作重要，我支持你！"妈妈感激得热泪盈眶，好一幕令人感动的亲子场面。得了便宜又卖乖，我好不得意。

老师的 AAA 计划

岑 珏

我的这个老师可真是个智多星，她的脑子里装着的好点子可多啦，多到我们数也数不清。你问这是为什么？哈哈，因为她的那些点子呀，可真如层出不穷，令人应接不暇，无法抵挡呢。

我口中的神奇老师姓韦，她长长的头发漂亮地梳在脑后，嘿嘿，我猜，她那么多的智慧和靓招大概都藏在那一缕缕浓密的发丝之中吧。神奇老师的皮肤有点儿黑，可神奇老师却常常自我调侃，曰："我从事的就是太阳下最光辉的事业呀！"这不，我这边话儿还没说完，天儿还没聊够呢，隐藏在韦老师那甜美笑容后的AAA计划就浮出了水面。

这个伟大的计划，也许又会令我们措手不及了，可没办法，我们也只能乖乖听话了。谁让我们在明，老师在暗呢。隐形的炸弹不是那么容易就能被挖掘出来的。

韦老师今天一进教室，便提高嗓门说："同学们，学校不是提倡大家要德智体美全面发展吗？那么我想不如马上举办一次射击比赛，怎么样？"大家大声叫好，掌声一片，平常班里公认的神射手更是叫得欢，可我们该怎么比呀？"大家先安静，因场地有限，投射物为一个塑料瓶、一个王老吉罐子、两个纸团，目标是垃圾桶。OK？"

不愧是老师，仿佛知晓我们的心思，一点就中呀！好吧，说来就来，刻不容缓。每组选出的两名选手春风满面地站在讲台上，赛道两旁可谓人山人海，热闹非凡呀。比赛开始后，我们组真是骄傲过头——惨败。乱哄哄的场面，只有韦老师在一旁默默观看，怪不得有句俗话说"后尾结大瓜"——等到比赛快结束时，最后一组获胜了，不过也只是投进了三个。

这时，大家安静下来，韦老师便拿起粉笔在黑板上唰唰地列下一大堆密密麻麻的算式。说："看吧，你们的投射水平也不过如此嘛，看看我列的算式就知道，你们的命中率真是超低呀！"老师停顿了一下，说："不过你们有没有想过我为什么这么做呢？"这时，我想起了早上老师眉头紧锁看着垃圾桶旁边撒满的垃圾，若有所思的模样。我的同桌好像也恍然大悟，站起来发言了："老师这么做是希望我们能零距离地靠近垃圾桶扔垃圾。"韦老师笑笑说："对对对，就算大家快和垃圾桶拥抱了，也要把垃圾扔进去哦！"大家听着哈哈大笑起来，笑声也说明AAA计划的完美谢幕。

我知道这次是AAA计划，下次一定会有第二个计划的。可是，好像我们班的管理再也离不开老师的计划了。虽然经常被老师"算计"，可是我们开始喜欢这个为班级出谋划策的老师了。

挂在鞋子上的春天

秦悦清

美丽校园走一回，收获快乐一箩筐。真是春眠不觉晓，快乐不知时呀。仿佛是刚刚，才落下一场浪漫的鹅毛大雪，而此刻，春天的花儿就都已经暖暖地开好了，你瞧，你瞧，辽阔的田野在风中翠绿地起伏，你看你看，摇曳的柳树姑娘的长辫子上抽出了嫩嫩的芽儿。阳春三月，万物复苏。亲爱的小星星，你们是不是也心痒痒了呢？想去裹挟着泥土芬芳的春天中去快乐撒欢吗？哈，一起出发吧。让我们去把害羞的春天找出来吧！

春雨像春姑娘手中的绣花针线，一针针，一线线，绣出了一片清新和翠绿。春风吸吮着露珠的温润，嗅着扑鼻的草香，轻轻撩起了春姑娘羞涩的面纱，伴着河水融化的叮咚声，就这样一路唱着歌儿走来。

踏着红红的塑胶跑道，我们漫步在春天的校园里，只见春姑娘早早地在操场上铺上了一块绿色的地毯，蹲下身细瞧，哇，一颗颗小小的露珠映入我的眼帘，亮闪闪的，好像是春雨昨晚不小心洒落的珍珠，掉在了绿茸茸的小草身上，在阳光的照耀下，显得格外生机勃勃。

随着一个小朋友的欢呼声，我们奔向操场角落的瓜果苑，啊，远远望去，一棵棵柳树仿佛刚刚剃过头似的，只有光秃秃的枝桠，可凑近一看，才发觉，细细的柳枝上早已爬满了嫩绿的新芽，星星点点，在

微风的吹拂下，显得格外婀娜多姿。

沿着曲径，信步来到桃树边，这春天的娇俏红娘早已经迫不及待地抽出了小小的嫩芽儿。放眼望去，梨树、杏树、李树、石榴树……都长出了细嫩的枝叶，这些嫩叶附在树枝上，真像春天跳跃的音符，格外引人注目。

"呀！春天在我的鞋子上呢。"我惊喜地叫着。在春天的果园里，我们播撒下串串足迹，泥土留下我们的微笑，我们带着春天走回了教室……

我喜欢

　　我喜欢在春风中踏过碧绿的草坪，野花像可爱的精灵，一路温暖着我稚嫩的心田。微微抬头，瞧见柳树梢尖尖的嫩芽儿，那柔嫩的黄绿中透着小姑娘般天真的羞涩。

充满寓意的年夜饭

朱泽贤

大年三十儿，对我来说是非常高兴的一天，不但可以拿到一份丰厚的压岁钱，还能一家人团团圆圆地吃上一顿丰盛的年夜饭。

这不，为了这顿丰盛的年夜饭，妈妈已经在厨房里忙活一下午了。厨房里不时地传出"噼噼啪啪"的爆炒声，同时也飘出了阵阵清香，馋得我直流口水。我拽着妈妈的手希望她透露一下今晚的菜单，可妈妈冲我眨眨眼，挤出两个字："保密！"并把我驱赶出她的"领地"。唉，只好等着了！

终于，在我的肚子发出第N次抗议的时候，听到了妈妈美妙的声音："开饭啰！"我第一个冲进餐厅，"哇！"满满一桌菜，色香味俱全！拿起筷子，我就向最爱的"红烧肉"进攻。妈妈看着我的馋样，笑着说："泽贤，今天妈妈做的每道菜都有它的寓意，你能猜到吗？"咦，菜还有寓意？有意思！我停下筷子，细细地观察起桌上的菜来：这道晶莹剔透的"红烧肉"有什么寓意呢？"红烧肉、红烧肉……"我不停地在嘴里嘀咕着。"哦，有了，这'红烧肉'的名字里面有个'红'字，肯定是寓意我家明年的生活红红火火。"看着妈妈满意地点头赞同，我得意地指着那盘撒满翠绿葱花的"红烧鱼"说："'鱼'嘛，'余'也，肯定是希望我家年年有'余'啰！咦，这道大蒜炒猪血是什么意思啊？"我有点儿犯难了，赶紧把求救的目光投向爸爸。爸爸笑着说："我们这里的方言把猪血叫作'血子'，这道菜是寓意家里有血玄子、血玄孙，家族绵延不衰。"哦……我恍然大悟。"那这道芋头汤呢？"我追问道。"'芋'取其谐音'遇'，寓意我们来年能遇到好人，交好运……"爸爸耐心地给我讲解着每道菜的寓意。

今年的这顿年夜饭，让我吃得别有一番滋味！因为我在享受美味佳肴的同时，还领悟了家乡年夜饭的文化内涵，真是受益匪浅！

狼　爸

蒋其桦

我和父亲形同陌路。我一年中见到父亲的次数不过两三回而已，而父亲每一次回来，和我说的话都不算多。在我眼里，父亲是个没有微笑的冷血的人。

那一年暑假，父亲回来了。这次，他不像以前那样不苟言笑，而是冲着我开心一笑，然后把我高高举起，再深深地亲我一下。接着，他又笑着说："孩子，我们去划船吧。"

我想：父亲怎么变了一个人？我半信半疑，因为以前他带我去公园和游乐场的次数屈指可数。

到了江边，父亲租了一个说大也不算大、说小也不算小的竹筏。

"这竹筏能行吗？"我担忧地问道。

"应该行，翻不了。"父亲回答道。

我和父亲上了竹筏。父亲划左边，我划右边。划了一小段后，我担心的事发生了：竹筏突然往我这边倾斜。由于没有站稳，我突然掉到了江里。更令我意外的是，父亲并没有立即跳入江里救我，而是在竹筏上"镇定自若"地指挥我如何游泳，如何自救。

虽然我学过游泳，但说实话，我可不敢主动下水。所以，对于游泳的实战，我的经验值几乎为零。但是，奇怪的是，在水里的我，不知哪来的力量和勇气，将平时学的游泳技巧被我一一记起并熟练运用。

我成功地游回了岸边。但是，我却对父亲的行为异常气愤。我说："你为什么故意把我弄到江里？还不下来救我？"

父亲的回应证实了我的猜想："孩子，你需要一次真正面对水域的勇气。只有在真正的困难中，你才会成长为一名真正的男子汉。"

父亲变回了那个我印象中的父亲——严峻，冷淡，甚至刻板。

我没有说什么，甩开父亲的手，快速冲回家。因为，我不想让他看见我眼角的泪。

不久，我参加了一个游泳比赛。让我始料未及的是，从前对水有抵触情绪的我居然以巨大的优势获得了第一名。站在领奖台上，我回想那次落水的经历和父亲的话，从前父亲对我的种种严格与苛刻都一一浮现心头。我才明白，父亲所说的"真正的男子汉"是什么意思。

原来，这么多年来，父亲一直用另一种方式爱着我。他就像一头冷峻的狼。

我微微一笑，拿起电话，向父亲报了喜，并且说道："你就是一个'狠心'的狼爸！不过，既然如此，那我就做一个勇敢的'狼孩儿'吧！"

我挂了电话。不过，在挂的一刹那，我分明听见了父亲爽朗的笑声。

没有你，什么也干不了

姚燕来

　　"啦啦啦，啦啦啦，我是快乐的小水滴……"今天，我的小主人，一大早起床，就把我从水管里放出来，接到了一个红色的水桶里。这是要干什么啊？看着小主人拿着自己的小水杯，舀了小半杯水，就刷起了牙。咦，小主人今天怎么这么奇怪，平时刷牙不是"哗哗"放着水吗？今天怎么这么小心翼翼，真是搞不懂。等小主人蹑手蹑脚地刷牙洗脸后，还大声地嚷嚷："爸爸，妈妈，你们等下要用水桶里的水，不要忘了！"这又是干吗啊，我糊涂了。

　　男主人走到厨房里，刚要烧水，小主人马上冲进来："不能放水，要从水桶里舀。"说完，他就从卫生间拎出了水桶，"这一壶水，是我家今天喝的水，不能多喝。"

　　女主人拿出了小菜，准备午餐，小主人又冲过去："今天不吃鱼，不吃菜，不吃肉，这些都要用水洗太浪费水。我们家今天吃水饺。"女主人要拖地了，小主人抢过拖把，今天不拖地。女主人拿起衣服要洗，小主人抢过衣服，今天不洗衣服。看着小主人，我越来越糊涂了，难道今天是四月一日愚人节吗？

　　半天过去了，小主人蹲在我面前，自言自语："还剩下半桶，再坚持半天，加油！"

又要用水的晚餐时间到了，主人们经过一番讨论，晚餐的三种小菜确定了下来：西红柿炒蛋、水煮白虾、煎牛排。

终于夜幕降临，主人们坐在沙发上感叹：一天终于要过去了，这一天过得这么慢，这么难啊！

要睡觉了，看着水桶底浅浅的一层水，还要洗脸洗脚，这可怎么够啊？小主人圆圆的大眼睛转啊转，突然爬上床，对着房门喊："我很困了，不洗脚了。"男主人也看了看水说："我也困了，也不洗了。"

半夜里，一切静悄悄，只听到小主人梦里还在说话："小水滴，你真重要，如果没有你，什么也干不了，我们要爱护你。"

夜行鼓浪屿

134

叶可昕

轻轻的晚风吹过无人的小巷，吹得墙头繁茂的三叶梅"沙沙"作响；灯下没有行人的影子，只有风起时摇曳的树枝投下淡淡树荫。一切，是如此宁静，这夜色下的鼓浪屿。

退去了白日的喧嚣与聒噪，夜色下的小岛一片宁静。明月送来皎皎月光，我抬头凝望，漆黑的天幕上有几颗星与月亮为伴，闪着微弱的光芒，不知此时是否有人望见这久违的星光呢？漫步在行人寥寥的海边小道，听海水在耳边澎湃，看海浪在眼前汹涌，闻海风在胸中荡漾，品一杯夜色伴海的浓茶，享受夜幕下与白天截然不同的美景。水光粼粼的海面波涛汹涌，海水夹杂海风翻滚着，势不可当地朝岸上冲来，"轰"的一声，海浪冲上沙滩，发出雷鸣般惊天动地的巨响，接着一股一股的浪争先恐后地冲上岸，漫上沙滩，化成一层泡沫，然后缓缓退下，卷走几缕细沙。前面的海水还没退下，后方的浪花已冲了上来，欢腾着涌向岸边，将刚退下的浪按下，跃起冲上沙滩，又慢慢退下……一遍又一遍，海浪不厌其烦地重复着它的表演，每一次都有新的意境。海浪发出的声音沉稳厚实，浑厚有力，音里音外，有一种无言的气势，加上潮起潮落的汹涌澎湃，海风中夹杂的，是令人膜拜的讯息。轻云似纱，静静地笼着冰清玉洁的明月；月光似水，静静地洒向波光粼粼的海面；夜色似曲，静静地徘徊在我的心头。抬头望向对岸，那里是繁华明亮的厦门。海风吹来热闹的气息，与小岛的寂静形成鲜明的对比，却又带有几分亲切，那是白天遗留下来的味道。

走在宁静的小巷，只有风声与我们做伴，远离闹市，让心静一静。

夜行鼓浪屿，品味另一种风景。繁华落尽，灯火阑珊，与闹市分离，同晚风相伴，我的心也静静地融化在了这深夜的小岛中……

我家的"天气控制站"

赵文扬

看这篇文章前，请听一段气象播报。今日，星星城堡大部分地区秋高气爽，是晴朗的好天气。南部局部地区天气变化异常，由非自然因素控制，请各位小星星读此篇文章时，注意防雨，做好预防措施。

我们家的"天气"呀，总是变化神速，忽风忽雨，忽晴忽阴，忽明忽暗。而控制这"天气"的不是别人，正是妈妈、爸爸和我这"哼哈嘿三将"。

风、雨、雷、电控制者——"哼大将"妈妈。

天气情况："呼呼——"一阵"狂风"突然袭来，只见妈妈的脸上"闪过"一道道"闪电"，在"天空"中颤抖了两下，如一万个铁球在铁板上滚动的"雷声"，不停地"轰隆轰隆"，倾盆大雨随即下起……

变化过程："哼，帮你新买的裙子怎么又弄脏了！"妈妈听了我断断续续的话语，看着我那"遍地开了花"的裙子，眉毛像倒插的两把剑似的倒立着。我一脸恐慌，不知所措地点点头："嗯，嗯……"妈妈的眼睛，一下子瞪得比动画片里的动漫人物的眼睛还大，猛地一拍桌子："哼，我赚钱容易吗？你就这样糟蹋……"我顿时感到一阵寒意，不由自主地缩了缩脖子。

温度情况控制者——"哈大将"爸爸。

温度情况：温度达到四十摄氏度，烈日快要把马路给烤焦了。树上的知了低声地叫着"热死了，热死了"。路边的梧桐树纷纷无力地低下了脑袋。"呼呼——"家家户户的空调风扇都开始运转了。

变化过程：爸爸满面笑容地一路小跑回了家，一边使劲儿地敲着门，一边大声嚷嚷道："哈哈，我买彩票中奖喽！中了个大奖呀！"我听了爸爸的话，连忙打开了门。只见爸爸挥舞着手里的彩票，身体左右摇晃着，高兴地说："哈哈，我中了三千元呢！"我和妈妈也咧开了嘴，一个劲儿地夸爸爸"真厉害"。房间里的温度顿时升高了十几度。我们三个人都像被烈日暴晒了一样，脸涨得通红通红，我飞快地按下摇控器，打开了空调，庆祝爸爸中奖。

灿烂阳光控制者——"嘿大将"我。

大地情况：一缕一缕的阳光洒了下来，像给大地镀上了一层金色，万物顿时充满了生机，都微笑着向我点头致意。尤其是正盛开的向日葵，更是围着我团团转。

变化情况："嘿嘿，我的习作又登报了！"我拿着报纸，得意地向爸爸妈妈炫耀着。爸爸妈妈连忙接过我手中的报纸，仔细地看了起来，夸奖道："不错，不错。"这时，家里的一切事物都仿佛有了活力。"妈妈，我要吃肯德基！"妈妈眼睛眨都不眨："好，好，马上就带你去哦！"我又微笑着转向爸爸："爸爸嘛，嘿嘿，你就帮我买本'马小跳'吧！"爸爸重重地点了点头："买，买，马上就帮你去买！"我满意地说："这还差不多！"

当然，在我们家里，出现较多的是风和日丽、阳光明媚的日子！

我在这儿等着你再来

陈灿阳

一大早，我还躺在床上迷迷糊糊地睡觉的时候，就被奶奶喊起来去耕田了。唉，谁让我王小虎从小就和奶奶相依为命呢？她老人家的话我怎么敢不听？我只能摇头晃脑地扛着锄头出门了，嘴里嘀咕着："唉，早一个时辰耕田，晚一个时辰耕田有什么不同？不是一样会长出稻子来嘛。"

我慢悠悠地来到田边的树桩旁坐下，打算打个盹。谁知，一个白影"刷"地冲了过来。救命啊！我吓得面如土色，连跑带跳地躲在另一棵树后。谁知，那白影居然一动不动了。我小心翼翼地挪着步子，想过去看看是何方神圣，可又感到害怕。最后，我深吸一口气，踮着脚凑近一看，原来是一只撞到树桩晕过去的兔子！好家伙！个头还不小呢！我喜出望外：真是得来全不费功夫！这下晚上有好吃的了！想到这里，我鼻尖仿佛已经闻到红烧兔肉的香味了。我弯腰拾起这只兔子："兔兄，碰上我，算你倒霉了！"

回家的路上，遇到了邻居小柱子，我当然不会放过这个炫耀的好机会，神气地举起兔子在他眼前晃了晃，说："瞧！我今天不用耕田，白捡了一只大肥兔！""捡的？天上掉馅饼啦？"小柱子一脸的不相信。"可不是！运气来了，真是城墙都挡不住，我以后不耕田了，专门等兔子！"

到家后，奶奶一脸的不高兴："虎子，你怎么那么早就回来了？是东西忘了拿？还是又想偷懒啦？"我实在藏不住心中的得意："奶奶，我今天捡了只兔子，这难道还不够吗？"奶奶也吓了一跳："我的乖乖！好大一只兔子！正好，奶奶今天给你做红烧兔子肉！"奶奶喜滋滋地接过兔子进了厨房，我也心满意足地躺回床上去了。

第二天一早，我刚出门，就有一大群兔子朝我扑了过来，居然有送上门的！天意啊，我忙不迭地迎上去——"哎哟！"这兔子头好硬，撞得我腿疼，哪只兔子干的？我定睛一看，奶奶？没错，是奶奶，她老人家正怒气冲冲地瞪着我呢！原来我还在床上啊！奶奶摇着头说："你呀，逮到一点儿机会就偷懒，隔壁的小柱子早就去田里了，你也不跟人家多学学！拾到只兔子就一辈子不用耕田啦？"啊？还得干活啊！我只得再一次摇摇晃晃地出了门，唉，太阳那么毒，锄头那么沉，种田太辛苦了，哪有等兔子轻松啊！我今天先别干了，等到落山时回家就行了嘛！反正奶奶也不知道。只要我明天再拾一只兔子，明天也不用干活了，兔子可比稻子贵多啦！我们总有一天会变成财主的！

可是三天过去了，我还是一无所获。我不放弃，一天天地继续等待，秋天到了，小柱子的稻子大丰收了，而我的田里长满了杂草，颗粒无收，这下瞒不住奶奶了，我只得到小柱子家借粮。小柱子将我上下打量了一番，笑着说："我早就知道你会来的，已经给你准备好了！"说着，将一袋米塞进我手里。

接过这袋米，我也不知道该说什么好了。还是脚踏实地好啊，我明年要好好耕田，丰收的日子，我在田里等着你再来！

雨　　韵

应杭淇

再来看一看秋雨的气势——

一场秋雨一场凉。秋雨一来，大地的温度就降低了。雨后，人们就会穿上厚厚的毛衣，漫步在雨后落叶铺成的金色大道上，别有一番意境。

转眼间，又到了秋季。多雨的秋季让人感到分外凉爽。雨，悄悄地逼近了……

下午，天空开始暗了下来。乌云一大块一大块地飘浮起来，头顶上黑压压的一大片，天空变得死气沉沉。

先是隆隆的雷声，从很远的地方传来——

轰隆隆，轰隆隆……

像一首美妙的诗歌，从天空中传来。雷声越来越响，靠近……靠近……终于，雷声就像爆炸声一样，传入我的耳中……

气势磅礴的大雨开始舞动起来……滴答，滴答……雨中的树叶、小花、小草都成了奇妙无比的音符。丝丝的细雨是千万个音符在跳动，美妙动听。

雨改变了大地的颜色，改变了世界的颜色。天底下茫茫的一片。树被雨洗过变得更加绿，水淋淋的绿；鲜花被雨洒过变得更加红，水淋淋的红；青草被雨拂过变得更加青，水淋淋的青……万物都变得水淋淋的，就像是淘气的娃娃在"哇哇"大哭。

不知过了多少时间，雨悄悄地停了。彩虹从天空中延伸出来，从这一头一直延伸到另一头。不知是哪棵树上的麻雀开始歌唱，为雨后唱响第一曲。飞落在鲜花上的雨滴还在往地上滴着，滴进我的心中——

滴答滴答……

雨来也匆匆，去也匆匆，仿佛是一曲短暂的插曲……

做　陶　艺

陈天康

"耶！终于上美术课了！"我兴奋地喊着。丁零零，上课了，我坐回自己的座位上，等待美术老师的到来。

英俊的老师来了，他开门见山："我们今天做陶艺品。"老师说完，同学们兴高采烈，好开心啊！老师讲了一些要点，就让我们自己开始做了。我拿起陶泥放在桌子上，深呼吸，把手握成拳头，朝陶泥左敲敲右敲敲上敲敲下敲敲，还不时地吟着小调。过了一会儿，我也敲累了，可是这块陶泥好像故意要跟我作对，敲了半天还是坑坑洼洼的，就像一张妖怪脸。我被陶泥弄得火冒三丈，恨不得把它扔掉不做了。忽然，我耳边响起一个声音，原来是老师，他好像看出了我的焦躁不安，柔和而又严肃地说："天康，你要慢慢来，做陶艺培养的是情操，陶冶的是你的性情，平心静气，耐心一点儿吧！老师相信你一定能交上一份满意的作品。"我听了，心里开始慢慢地静了下来。

我咬着牙，看着自己那一双敲得通红的手，犹豫了一会儿，又敲了起来……不知过了多久，我终于把陶泥给敲平了。

可是——看着眼前这块被我敲的扁扁的陶泥，我迟疑了，我是要把陶泥给弄圆的，干吗做成扁的了呢？于是我准备重新做。可是，我的陶泥已经变得硬硬的，怎么办呢？我转头瞧了瞧，看见别的同学都弄了一点儿水洒在上面，我恍然大悟：原来撒上一点儿水，陶泥就会变得软一点儿，便于揉捏。我也学着他们的样子，一步一步地小心翼翼地把水洒在陶泥上面，再把陶泥揉来揉去，一会儿陶泥就软了，真好！再看看我的手，哎呀，这还是手吗？上面都是脏脏的泥土。但是为了交上这份作业，我只好不嫌脏继续做。

我找到那个球的中心点和耐力点，用手慢慢地把那个洞捏大，捏成一个碗状。但是这个陶泥的边凹凸不平，十分难看。我又对它进行修改，过了二十分钟，总算是完成了。我长吁一口气，不禁感慨自己终于完成了这件特殊的作品。我把陶泥放在桌上仔细端详，突然发现它的碗底不够平整，于是我又认真地对它做了最后的修整。最终，一件让我十分满意的作品出炉了。

我深深地吁了口气，马上把自己的作品拿去给老师打分，老师给了我一个"优"。我喜上眉梢，总算没有白忙活一场。

我 喜 欢

彭青媛

我喜欢在秋风中踏过羊肠似的小道，道旁的市市子好似玲珑小巧的黄灯笼，涨红着小脸，一路热情地迎接着路人。

我喜欢在冬天里飘扬的雪花，在迷茫的展雾中轻轻飘落。那份宁静中散发的光和热，悄悄地，悄悄他把我笼罩。

142

我喜欢在春风中踏过碧绿的草坪，野花像可爱的精灵，一路温暖着我稚嫩的心田。微微抬头，瞧见柳树梢尖尖的嫩芽儿，那柔嫩的黄绿中透着小姑娘般天真的羞涩。

我喜欢夏日的炎热，那炽热的阳光下，在凉爽的水中欢快地游动。水池里愉快的笑声四处回荡，一阵阵惬意在心中悠然流淌，欢乐融入内心，愉悦溢于言表，不舍也悄然存于心中。

我喜欢梦，喜欢在梦里奇妙的感觉。我总是梦见自己能插上雪白的翅膀，在蔚蓝的天空中自由自在、无拘无束地展翅翱翔，与快乐的鸟儿谈天说地，和勤劳的小蜜蜂捉迷藏；我梦见荷花如海，在远远地炫耀着纯真的粉红；我最难忘记海边的日出，初升的朝阳染红了天边，染红了波光粼粼的大海，染红了我童年的梦……

我喜欢看一块块整整齐齐、油光发亮的秧田。那青嫩的禾苗密密麻麻地排着队，好像一张软绵绵的毛毯，总是撩拨起我想在上面躺一躺的渴望。

我喜欢花，无论是哪一种。不论是那卷卷的龙爪菊、娇艳的玫瑰、纯洁的百合、端庄典雅的康乃馨，还是开在深山里的不知名小野花，它们具有同样的尊荣，开放在我心灵的深处。

我喜欢绽放在人们脸颊上的笑容。寒冷的早晨，走在大街上，和我一同前行的老奶奶笑呵呵地对我说："早啊！小朋友。"世界是这样亲切、温暖，我缩在衣兜里的手指头也不再感觉发僵。

我喜欢看书，在寂静的夜晚尽情地遨游在无边的书海中，肆意享受着知识带给我的乐趣。在书籍里，我不能自已地喜爱那些色彩绚丽、趣味浓厚的儿童杂志，捧着它，就像捧着一把修养内心的尺子。那鲜艳的纸面蕴含着一种现代美，它促使我不断认识自己，不断改正不足，不断地前进。

啊！我喜欢四季风光，我喜欢自然景物，我更喜欢现实生活，而且深深地喜欢这充满欢声笑语、丰富多彩、催人奋进的生活！

143

家乡的大海

张　策

在初夏的一个早晨，我和母亲一起来到了海边。刚一下车，一阵清凉的、略带些咸味的海风迎面吹来。我闭着眼，任由海风吹拂着我的身体，顿时，一种无比舒适的感觉传遍身体各处。我沉醉在了风中，站在原处一直等到清风停下，才与母亲一起走上海滩。

进入海滩，你马上就可以发现那咆哮着的大海。我望着海面，竟第一次发现大海如此美丽：阳光照射在海面上反射的光，组合在一起成为了一幅无比美丽的画。海面上不时涌起一朵朵浪花，浪花一层层地向前推进，直到最后一朵、最美丽的一朵在沙滩上消失。浪花跳舞的声音奏响了一首雄伟的交响曲。我向前走去，走向浪花咆哮着消失的地方，让可爱的浪花亲吻我的脚……

忽然，一阵汽笛声划破长空，飞进我的耳朵。我抬起头，发现海面上还漂着艘轮船和几艘帆船。船帆有的全张开，像十五的月亮一样丰满；有的半开着，似被切了的蛋糕一样。母亲的呼唤把我从幻境中拉了回来，我跑回了母亲身边去，和她一起欣赏沙滩美景。沙滩上盛开着一朵朵花儿似的太阳伞，伞下则是来度假的人们。有的人在伞边睡着觉，想把自己的皮肤晒成古铜色；有的人把自己埋在沙子里，美美地小睡上一觉；有的人和孩子一起比赛堆沙堡，一起努力把城堡垒得更漂亮些……

突然，海鸥的叫声吸引了我。天边，有几只海鸥正因为分食物而闹得不可开交，更多的则是在海面上捕鱼……

不知不觉中，时间就过去了。当母亲再次把我从美景中拉回来时，天色已经晚了。我只好收拾东西与母亲一起回家。走出沙滩前，我又恋恋不舍地回头望了大海一眼。家乡的大海呀，一直在我心中翻卷着浪花……

拥抱幸福

张翠翠

"天空的幸福是穿一身蓝，森林的幸福是披一身绿，阳光的幸福是如钻石般耀眼，落日的幸福是留下最后的美丽。我的幸福是：和朋友一起去采撷每一份友情，每一丝快乐，每一片希望，每一缕阳光……"

第一次看到这句话时，我的心情立刻变得很蓝，很透明，沉淀在心底的伤心和烦恼一下子消失了，这就是一种幸福的感觉。

时光匆匆，流年似水，不知不觉我已经上六年级了，童年的记忆似落叶，无法得到新生，但依然青翠耀眼。那时蹦蹦跳跳的小女孩儿，总爱仰望晴空，幻想有一日能融入其中。那时调皮的雨露在微风中嬉戏，那时的草很绿，天很蓝，那时的我，真的很幸福！

现在，我依然爱蓝蓝的天，爱蓝天下的一切，然而却很少有时间去细细欣赏。抬头望望，总觉得有一种陌生的感觉，仿佛生活少了许多情趣，平添了几分烦恼，时光让我明白了许多不曾明白的东西。人生本来就充满了荆棘，在这漫漫的人生旅途中，要给自己信心、勇气和拼搏的精神，给自己点一盏灯，去茫茫大地寻找自己的幸福。

幸福不是金钱，不是遮掩痛苦的工具，不是追求时尚的潇洒。它应该是心灵惬意满足的一个微笑，是口渴时的一捧泉水，是孤寂无助的一丝安慰，是噩梦中的那副慈祥的笑脸……

生活无处不幸福。成功时是幸福，失败时也是一种幸福，是一种酸楚的幸福，失败时，要给自己以勇气，给自己以鼓励，因为我不怕失败，我有再爬起来的勇气，因而，失败也是一种幸福。

幸福是无形的。当你拥有时，并不会意识到自己是多幸福！而在你失落的时候，你才会感觉到幸福的存在。拥有幸福时，不要忘了幸福不可能长久，要好好把握，而当你失落的时候，不要自哀、自暴自弃，因为幸福随时就有可能"砸"到你的身上。让我们以充足的勇气，坚定地面对人生吧！

拥抱幸福，送自己一份最好的礼物；拥抱幸福，给自己一份愉悦的心境。

146

云

田灵君

我喜欢千变万化的云，软绵绵的"棉花糖"，满天的"糖果"。冲出家门，坐在公园的小径上，抬起头，就看见了一头大象。那大大的扇子一样的耳朵，是那么美丽、可爱。长长的鼻子像一棵大树，仿佛想把我吸上天空和它们做伴。跟着一股清风，我闭上眼，享受着这清新的空气。

"啊！太棒了！"我自言自语。

无意中，我又抬起了头，天蓝色的云渐渐地在改变着，它变成了五彩缤纷的棉花糖，一看就让人想吃。顿时，我的嘴里像是有糖一样甜。各种各样的糖果中，我最喜欢的是棉花糖。只要我见它，就馋得直流口水。

不知什么时候，天上已站起了守卫的狮子。那威武的气势、凶狠的眼睛和庞大的身体，像一位战士一样。红色的晚霞把狮子的脸染得红红的，像一个可爱的红苹果。太阳落山了，天上只留着一些残云，有小鸟，有蝴蝶，有凤凰……它们在天空翻飞盘旋，左冲右撞。美丽的翅膀扇动着，一闪一闪像钻石一般。如果它们能带我飞上天空遨游世界，我一定带它们去品尝人间的美味。

突然听见一只小鸟的叫声，把我从睡梦中惊醒。抬头一看云已经散了，不知道去哪了。慢慢地，一朵乌云布满天空，世界变得昏暗下来，我知道将要下雨了，就慢慢地走回家。

闪电从我面前闪过，望望天空，天空凶巴巴地就像一个恶魔。闪电再一次出击，从云里穿出来。一声巨响，惊得我害怕极了！我赶紧跑回家。

147

我回到家，坐在屋里，盼望着乌云散开。

乖乖，过来

范佳琦

乖乖，过来，让我再抱抱你；乖乖，过来，让我再用梳子梳梳你柔软的毛；乖乖，过来，快跳上沙发和我一起看电视。

我喜欢

乖乖是一只边境牧羊犬，也是我家的狗狗。其实算不上是我家的，因为我们把它送给了别人，只有节假日它才会来我家"做客"。乖乖有一双圆溜溜的眼睛，每时每刻都在观察着人们的神情变化；嗅觉灵敏的鼻子是它找到食物的"好帮手"；一张大大的嘴巴总是张开着，不住地流口水；耳朵总是有气无力地耷拉在脑袋上，只有听到奇怪的声响时才竖起耳朵来侧耳倾听；黑白相间的毛色使它像穿着熊猫服装似的。

乖乖来到我家是个意外。那天夜晚，爸爸骑着摩托车载着我到超市买东西。出来时，看见它正对着路边飞驰的车"汪汪"大叫。我吓得浑身发抖，躲在一辆汽车旁边，生怕它咬伤我。我对爸爸使使眼神，示意让他把摩托车开过来。当时乖乖就在摩托车的旁边，谁也没有想到的事发生了，就在爸爸开走摩托车的那一秒钟，它突然狂叫着跳了上去，吓得爸爸一惊，差点儿把摩托车给弄倒了。我壮起胆子过去看它，发现它已经没有刚才的急躁，只是温顺地卧在车上，任你怎么抚摸它，它也只张开嘴巴、吐着热气看着你，一副楚楚可怜的样子。

于是，我们把它带回了家。回到家，我们就分了工，爸爸到处打听，在网上帮乖乖寻找它的主人；妈妈负责给它做一个舒适又温暖的窝；我呢，则负责给它弄吃的、喝的，我给它准备了丰盛的晚餐——火腿肠，让它解馋。

经过几天的"失物归还"，我们仍然找不到它的主人，乖乖只好留在我家了。可是在家的这几天，乖乖有许多很不好的习惯，它因为不熟悉新环境而随地大小便，还乱咬东西；它特别依赖人，只要我们一离开家，它就会在家里紧张得大声吼叫，吵得四周邻居都不得安宁。爸爸遗憾地说："看来我们不能再留下它了，必须给它找个新主人。"爸爸的话让我的心情从天堂跌落到了地狱。

分离的那天终于来到了，当我们把狗链递给新主人时，乖乖突然情绪大变，拼命地挣扎着不愿离开我们，竟然把刚买不久的狗链给绷断了。看着扑到我身上的乖乖，我多么希望它能留下来啊。我慢慢地给乖乖梳理着毛发，安抚着它的情绪，抱着它久久不愿松手。然而现实是残酷的，当爸爸把链子重新拴好，让新主人牵着它回家时，我的眼泪像断了线的珠子不停地往下掉。

乖乖，你一定要听新主人的话，当我不在你身边时，你要像你的名字那样——乖乖的。乖乖，别再流泪，忘记你的伤心事，不要悲伤，向前看。

最美的字迹

余嘉颖

这天早晨，我懒懒地爬起来，穿上衣服，来到餐桌前，万年不变的早餐摆在餐桌上，爸爸果然去上班了。自从放假以来，爸爸每天都说公司忙，八点不到就去上班，直到很晚才回家，我几乎一天到晚都看不见爸爸！

吃过早餐，我下楼来到公园。公园里鸟语花香，绿油油的树木与红艳艳的花朵互相映衬着。公园中间有一个湖，看着湖中自己的倒影，我不由得有些伤感。转身一看，有一对父女正在开心地捞鱼，不时还调皮地把水泼到对方身上。

我不由得叹了口气，爸爸总是那么忙，哪有时间陪我玩呀！不过，听妈妈说，爸爸每天都写日记。对了，日记！我忽然想到一个与爸爸交流的好方法。

我飞快地跑回家，翻开了爸爸的日记本。我想了想，拿起笔，在日记本上写下：爸爸，最近工作很忙吗？我好几天都没有看见你了，你要保重身体，不要睡得太晚，周末能和我一起去捞鱼吗？真希望你能陪我玩一会儿。这天晚上，我满怀期待地入睡了。

第二天早上醒来后，我穿好衣服，飞奔到客厅，翻开那本日记本，几排鲜艳的字迹跃然纸上：可可，爸爸最近真的很忙，晚上很晚才回家，不用担心我，我自己会保重的。陪你捞鱼，等过几个星期再说。不过，你自己要注意，不要着凉了。昨晚被子都被你踢翻了。我提起笔，写道：好啊，我知道了。你什么时候才有空呢？爸爸的回复隔了一天才出现：呃，不知道！等有时间一定带你去。我高兴得一蹦三尺高，在下面画了一个大大的笑脸……一个人的日记本，从此变成了两个人的日记本。

向往已久的这天终于来到了。爸爸在日记本上说要带我去捞鱼。准备好工具，出发咯！

来到目的地，我和爸爸开始捕鱼行动，十多分钟后，桶内已有二十来条小石头鱼了。我脖子弯得酸痛难受，抬起头来左右一看，忽然看见了正戴着眼镜寻找鱼的爸爸。忽然，我灵机一动，将水泼到了爸爸身上。爸爸愣了一下，也往我身上泼水，我们欢快地玩着水，笑声久久不散。是那本日记本，像一座桥，让我和爸爸更亲近了，那一排排字迹，饱含着爸爸对我的关心，那是爱的字迹，是最美的字迹！

奶奶的"不"

钟晨韵

奶奶八十四岁了，是个和我做伴的年龄。奶奶会和我一起看电视，一起逛超市，一起玩布娃娃，一起堆积木……爸爸说："人老了，就像个小孩子。"可是这个"老顽童"却总对我说"不"。

一

爷爷去世了，奶奶更显老了，她一个人住在乡下的老房子里。每周六，我们一家人都会去乡下看望奶奶，每次我们都会苦口婆心地请奶奶到县城和我们一起住。可每一次奶奶都摆手拒绝："不，不，我不去你那儿住，我这么老了……"甚至有一次，我们把奶奶所有的生活用品都搬上了车，可她仍不肯一同去县城，我们既沮丧又难过。

为什么？为什么？为什么奶奶就是不愿意出来和我们一起住呢？乡下没有自来水，没有天然气；老房子里没有空调……奶奶佝偻着身子，干不了重活；奶奶耳背，听不清声音……奶奶，您一个人在乡下怎么生活呀？奶奶，您明明每天都在思念着我们，为什么就不愿意和我们一起生活呢？

爸爸说："孩子，你不懂，你不懂……"

直到有一天，听叔叔说："村里有一个风俗，说人老了不要到新房子里住，万一过世，就会给新房子、给子孙带来晦气！"

奶奶呀，您一定是这样想的！奶奶，您的一句"不愿意来"饱含着多少深情！可是，奶奶，我们不愿意听您的"不"！

二

新春，奶奶出来了！过年的喜庆久久荡漾在每个人脸上，奶奶也不例外；姑娘、小伙子、老人家都穿上了新衣服，奶奶也不例外。当美食的香气飘进我们的鼻子，就是全家人最幸福的时刻了！爸爸请奶奶坐上座，妈妈特意给没牙的奶奶盛了一碗粥，我把最好吃的鸡肉、鸡腿夹给奶奶，又给奶奶盛了满满的一碗营养鸡汤……奶奶看着我们忙得不亦乐乎，笑得合不拢嘴，一边说着"不用，不用……"一边又把鸡腿往我碗里夹。

饭后，大家挤在一起热乎乎地聊天，看电视。这时，爸爸准备好了压岁钱，给我、妈妈、奶奶发红包！我和妈妈都开心地接过红包，只有奶奶使劲儿地推搡着："不要给我钱，不要，不要……你们年轻人做事业需要钱，我不需要，不要，不要……"最后，奶奶拗不过爸爸，只好接下来了。可是，就在大家不注意的时候，奶奶悄悄地把一个红色的东西塞进了我的口袋。看着这一切，我明白了，不用任何人解答，我知道了许多！

奶奶要去散步了，我三步并作两步奔上前去开门，小心翼翼地扶着奶奶下楼。悄悄地……悄悄地……我从新衣裳里拿出一个红色的东西，轻轻地放回到了属于它的地方。在我的身后，仿佛有一个会心的微笑……

三

寒假，我和妈妈想去泡温泉，奶奶问我们去干什么，妈妈做了一个游泳的动作，她立刻说："不能去，不能去，会感冒的。"奶奶不知道有温泉，她一直认为水是冷的，以为我和妈妈大冬天要去冬泳，奶奶着急死了，一个劲儿地阻止，我们只好不去泡温泉了。

好吧，我只能在家做作业，听奶奶不停地唠叨了：

"你读书很认真，头不要低得太低，不然会近视的。"

"大冬天的，衣服不要穿得太少，会冻坏的。"

……

妈妈说，奶奶的每一个"不"字里都饱含着一份浓浓的爱。奶奶，我懂，您的"不"字是无言的爱，里面藏着一个温暖的家！

秋天的滋味

李 敏

立秋，终于是到来了。秋天向来为我所热爱的季节，所以也无怪乎当秋雨一场场洗礼大地，秋的凉意渐渐袭来时，我的心情愉快之至了。

不同于春天，秋天多的是萧瑟与枯败。许多人因此不喜欢秋，可依我的看法，春的烂漫与矫情，着实令人眼花心烦，腻歪之至。秋天的枯败中，我们可见它曾经的美丽；秋天的萧瑟中，包含着冷峻的真理。秋是春的悲剧，春是一出喜剧，秋则是把喜剧撕碎给人看。这更理智，更具有哲思。

相比于夏天，秋天好像她浩荡诗篇的余音。经历了春的播种，夏的酷热，秋是收获的季节。经历了希望与激情，秋天也终于静。秋月无怪乎为历代诗人词人吟咏的对象："春花秋月何时了，往事知多少？""人有悲欢离合，月有阴晴圆缺。"这是对人生无常的深叹。

也不妨理解为对命运的思索。在经历了浮沉起落，风雨飘摇后，万物不也终归于静穆，归于与冬天比较，秋的静穆中却尚有潜伏的活力。冬的"千里冰封，万里雪飘"乃是不免于死气沉沉的，然而秋天，枝丫上挂着几片枯叶，晴空中掠过几只飞鸟，瓦亮的湖面上云影漂浮，你能说这"枯藤老树昏鸦，小桥流水人家，古道西风瘦马"中生机是死绝了吗？夕阳西下的如血残阳，就是那正在修行的、受苦的生命力顽强生存的证明，也是这秋的诗篇里最明亮的一笔！所有的诗篇，不都是那最艰难的一部分最为壮丽吗？要么是"风萧萧兮易水寒，壮士一去兮不复还"的明知故败，要么是"人生自古谁无死，留取丹心照汗青"的英勇。这股不熄灭的生命火焰，即便免不了必然的结局，也要用短暂的一生，像彗星划过天际，照亮一块黑暗的天空，像雷电劈开死一般的静，发出最后一声怒吼！这样的诗篇，都是秋天，也只有秋天……

秋天的滋味，不仅仅有百果的风味，也不仅是枫叶红遍天际，"晴空一鹤排云上"的美景。秋的滋味，更蕴含着对人生的百感，更是对无数英雄魂灵的追思与仰慕。秋的滋味，平淡得像一杯白开水，细品，却味道无穷无尽。

纸鸢随风飞扬

陈　熙

"呼，我放起来了！"

"呀，我的风筝掉了！"

一片绿得发亮的草坪上，有几十个孩子在放着风筝。小草被惊醒了，悄然探出头来张望。清风袅袅，女孩儿们的长发随风扬起，男孩儿们的衣服被汗浸湿了。

我的风筝很美，是一只朝着太阳飞翔的凤凰。我细细地打量了它一番，闪闪发亮的一双翅膀，火红的凤冠，浅黄色的小嘴微微张开，好似在向我诉说些什么。那双透明的眼睛像是母亲般温柔地望着你，让你心头有股暖流涌起。凤凰，果然是百鸟之王啊！

我抓着风筝的线，牵着我的凤凰往前奔跑着，慢慢地，凤凰乘着风，向属于它的天空翱翔。我加快速度往前跑着，风划过我的脸颊，似乎是要对我说悄悄话。我的风筝越飞越高，好像真的是一只绝美的凤凰，它凌空翱翔，双翅舒展，在蓝天白云间显得多么高贵！

我累了，慢慢收起我的线。什么也不想，静静地躺在草坪上。旁边的小草亲吻着我的脸颊，头顶的小草抚摸着我的发丝，我转过头去，闻到了一丝清香，它调皮地在我鼻尖跳了一曲芭蕾，然后闯进我的心房，它敲了敲门，旋转着舞步进去了，对我说："我要一直住在

155

我喜欢

这儿，直到永远。"于是，这一丝草香就永远留在了我的心里。

蓝蓝的天空，不时飘过一抹白云。风轻轻地吹着，天空纯碧如水，像一条清澈见底的小溪在流淌，来回摆动的小树在喁喁私语。女孩儿们笑靥如花，男孩儿们健壮的身姿在风中奔跑，风拨弄着我的发丝。一只只纸鸢随风飞扬，这一天，让我感觉如此短暂，美好的时光还会再继续。

收好风筝往回走，此时风依旧吹着，小草依旧笑着。远处，有人家正在烧火做饭，炊烟袅袅升起，随着晚风轻轻飘扬着……

初冬的早晨

张佳颖

156

初冬的早晨是一个美丽、奇妙的早晨。

清晨，一打开房门，只见眼前的一切都笼罩在一层缥缈的轻纱里，连初升的太阳也隐去了它鲜艳明朗的脸，只剩下一圈红晕，迷茫中透出些红光来。

站在雾中，仿佛慈爱的母亲在抚摸着你。侧耳倾听？阵阵鸟叫和车铃声由远而近，仿佛闯进了蓬莱仙境。"沙沙沙？"城市的美容师——清洁工已早早地工作了。他们不畏寒冷，清扫街道。那清脆的扫地声和着各种声音汇成一曲初冬早晨的交响曲。

雾浓浓地扯起它宽大的白袍子把我家后面那座小山全给罩了起来。一阵寒风吹来，树叶被吹得飘舞起来，飞舞着、旋转着，前呼后拥地飘着，宛如浪花欢笑、奔腾。空气湿润、寒冷，白茫茫的雾团飘忽不定。我坐在爸爸车上，行驶在上学的路上。看着白茫茫的雾气像妈妈揭开锅盖时冒出来的蒸汽一样，在四周弥漫。一切都坠入烟海，虚无缥缈，给人以新奇之感。啊，多么像在那云雾缭绕的天上！

太阳在云端里显了一下脸儿，又躲了进去。浓雾下，一切都变得朦朦胧胧。马路上路灯还亮着，只是平日明亮的灯光今天只剩下杏黄的一个小圆圈。几步之外，什么也看不见。人的视野缩小了，只能看见两米以内的东西。

这时，不知哪里传来了一阵汽车的喇叭声。我循声望去，咦？哪里有车呀？过了一会，两盏淡黄色的灯移过来了，我才发现是一辆大卡车开来了。我还没看清卡车的模样，它就一闪而过，消失在浓雾中了。卡车刚过去随即又响起一阵清脆的车铃声。"丁零零，丁零零"，几辆自行车缓缓地从我面前驶过，立刻便消失了。各种车辆在我眼前一闪而过，似乎一切都被晨雾吞没了。

天逐渐亮起来了，铺盖在城市上空的白色云雾正在慢慢地散开来。我可以看清人们正在进行着各种有益的活动。

俗话说得好："一日之计在于晨。"大家都应该珍惜早晨的这宝贵的时光。你瞧，那些小运动员们在教练地指导下练习跑步。他们你追我赶，不但不感到寒冷，头上直冒热气哩！老人们在专心致志锻炼身体。一走进校园，就听见从教室里传来琅琅的读书。声。我加快步子，走进教室，拿出书，高声朗读起来。

啊！初冬的早晨可真是个美好的早晨。

走到郊外看日出

霍连阳

农村的早晨不像城市那么喧嚣，除了一条纵穿南北的大马路上往来穿梭的车辆外，很少见到忙忙碌碌的人们。

秋末的寒风，虽不似朔风那样刺骨，可也是让人能感到冬的脚步。泡桐树的叶子时不时的踱着脚步，飘落到脚下的草地上。杨柳随风摇曳，发出轻微的沙沙声。几只麻雀停留在灌木丛的枝条上，缩着脖子，偶尔尖叫几声，更彰显出一片秋后凄凉。半轮残月挂在南边的天空之上，几颗晨星在天空中眨着疲倦的眼睛。

一层青色的薄雾笼罩在东方的地平线上，上边的天空隐约呈现一片鱼肚白。雾的边缘泛着淡红色，渐渐地颜色开始加深，接着太阳开始从这团薄雾之中探出头来，先是露出一点点，像调皮的小孩子和你捉迷藏。慢慢地，露出半边脸来了，通红通红的，像烧红的大铁饼。渐渐地她从薄雾中走出来了，哇，她的脸好大呀，像一个大锅盖。这时候，她的脸色由红变黄，再由黄变白，一眨眼的工夫，它变成了一个银盘子，由那团云雾托着，锃光瓦亮。它也不再害羞，发起威来，向四周射起了银箭。周围的天空变得明亮起来。挂在天空的月亮也失去了光泽，像一个风化了的大石头，孤零零的挂在湛蓝的天空中。最后一颗星星也在它的照耀下藏了起来。

冉冉升起的太阳照亮了天空和大地，也驱走了霜冻和寒风。三五成群的喜鹊叽叽喳喳的从天空中飞过，消失在远处的小树林里。新的一天开始了！

我是"大侠"

熊晓鉴

因我在班上有个称号叫"狮子王"，所以我得意扬扬地以为自己无人能敌，常常在姐姐面前夸下海口："我是大侠我怕谁？"

有一次，我和姐姐走在滨河路上，边走边欣赏着路边的美景。突然姐姐发出一声尖厉的惊叫："有……有蟑螂！"我摆了个酷酷的大侠造型安慰姐姐："别怕，本大侠来帮你了！"我一步跨到姐姐身边，嘴里念念有词："青山不改，绿水长流，大胆蟑螂居然敢吓我的姐姐，看我不把你缉拿归案！哇呀呀呀！"说完我还双手叉腰，心想：我是大侠，区区蟑螂能奈我何？可是当我看到面前的蟑螂灰色的身子上那褐色的毛中间还点缀着恐怖的彩色斑纹，头前面还有一对让人感到很恶心的触角。顿时，我被吓得七魂丢了三魄，连忙把头埋进手里，浑身止不住地发颤。姐姐见了，踢了我一脚，说："你不是说你要把蟑螂缉拿归案吗？"我支吾着，说："我，我正在想计策！"突然，我抬起头，说："三十六计，走为上计，我惹不起还躲不起吗？我跑！"说完我像离弦的箭一样飞奔，姐姐在我身后大喊："喂，你到哪儿去啊？家在那边！"

还有一次，我和姐姐去五龙河玩，要过一座铁索桥，那桥看着挺宽，可人一走上去就开始晃悠。姐姐一看就双腿打战，嘴里嘀咕着："你瞧，这桥人一上去就晃悠，再看看底下湍急的河水，谁敢上去啊？啧啧啧！"我想：我要是能走过这座桥去，不仅可以扳回上次丢失的面子，还可以让姐姐对我刮目相看，岂不是一举两得？于是我清了清嗓子，说："区区小桥怎入得了我的法眼！"可是我刚一踏上小桥，桥就随着我迈开的脚步开始晃悠，越往前走晃得越厉害，我的头开始晕起来了，腿也发抖了⋯⋯唉，早知道桥晃得这样厉害我就不逞这个能了。于是，我笑呵呵地对身后的姐姐说："那个，本大侠可是很孝顺的，您老先过，先过！"我边说边小心翼翼地溜到姐姐的身后去了。

我就是这样一个"大侠"，一个爱吹牛，一心想当"大侠"的小姑娘。

裤子"大开口"了

曹海洋

一想到发生在体育课上的那件事，我的脸就会不自觉地红起来。

那天体育课，高老师让我们自由活动，我和夏泰雷就像两只出笼的小老虎一样，你追我赶的，非常疯。正玩到高兴处，我忽然听到一阵清脆的"嚓嚓"声。正当我感到纳闷时，忽然感觉到自己的裤子一下子变松了。一种不祥的预感顿时涌遍我的全身。我慢慢地弯下腰来，眼睛很快地瞟了一下裤裆，不看不知道，一看吓一跳！我的裤子竟然裂开了一道大口子，再用手往后一摸，天哪，都快裂到屁股了。

　　我连忙夹紧双腿，小心翼翼地环顾了一下四周。老天保佑，同学们都在高兴地玩着游戏，并没有发现我的异常。我长长地舒了一口气，心想：站在那儿可不行，还是先找个落脚的地方再说吧！于是，我夹紧双腿缓缓地向花坛移动，好不容易到了那里，我迫不及待地坐了下来。为了不让自己出丑，我的两腿还保持着之前的动作。这时，和我一起玩的夏泰雷还不知道发生了什么事，用疑惑的眼神望着我。我大喊一声："夏泰雷，你过来一下！"等他走近我的身边，我把嘴巴凑到他耳边轻声说："我的裤子坏了，你帮我到教室里拿一件衣服过来，快点儿！"夏泰雷听了，立刻哈哈大笑起来。顿时，我的脸涨得通红。

　　不一会儿，夏泰雷就把我的衣服拿了过来，我把衣服系在腰间，遮住坏掉的裤子。同学们见我这副打扮，纷纷围了过来，有的问："咦？曹海洋，你怎么穿裙子啦？"有的说："玩就玩嘛！还装酷呢！"……我没有回答他们，还是一动不动地坐在那里。可是没过一会儿，我裤子"大开口"的事情就传开了。不用问，肯定是夏泰雷这张大嘴"宣传"出去的。同学们看着我，都笑得前仰后合。而我的脸火辣辣的，变得更红了，真希望地上有一个洞让我一头钻进去。

　　这件事虽然已经过去很久了，但是我却记忆犹新，出丑的感觉还真不好呢！

给母鸡减肥

徐若曦

童年是金色的梦，童年五味俱全，今天也让你们尝尝我童年的菜肴。

这件事发生在我七岁那年。

那一年，亲戚给奶奶送来两只大母鸡，它们拥有美丽、炫目的羽毛，更有趣的是：这两只母鸡一肥一瘦，而事情也随之而来。

那天，我坐在沙发上无聊地看着钟表发呆，心里期待着另一个声音出现，"咯咯咯咯，咯……"鸡叫声如期而至，我猛地从沙发上弹跳起来，端起小米，飞也似的跑进院子。我撒了一把小米，瘦母鸡跑过来，吃起小米来。"肥胖型"母鸡也闻声赶来，硕大的身子甩来甩去的，它的肚子大得都快贴到地上了，吃食时，总把瘦母鸡挤到一边去，然后自己狼吞虎咽地吃着小米，还伸长了脖子对我大叫，像在说："罢工了！这么点儿食物还不够我塞牙缝，下次要是再给我这么点儿食物，小心我把你告上法庭！"每次我看见它这样，都气不打一处来，今天也不例外。

我脑子里突然燃起了一个念头给母鸡减肥！

于是，我开始进一步的幻想：给人减肥有三种办法——节食、吃药、运动。

给鸡节食可以，但它整天都"鬼哭狼嚎"的，而我们也要在这"鬼哭狼嚎"中度过。

给鸡吃药是更不可能的事了，将来它的肉谁敢吃呢？

所以，我决定让鸡运动减肥！

靠什么运动减肥呢？有人靠转呼啦圈减肥，有人靠跑步减肥……

让鸡转呼啦圈减肥？那不是明摆着让大家笑话吗？所以，我决定让鸡跑步减肥。

我拿起竹竿，赶着它在院子跑了一圈又一圈，它有时用藐视的眼神看着我，有时嘴里发出不满的叫声，像在抗议。后来，它跑不动了，趴在地上耍赖皮，还一脸不满地望着我，像在说："别以为自己多了不起，我可是家里的'小公主'，在家里，我可是超受宠的'财宝'。"我气得肺都快炸了，但我已经累得没力气说话了，只能用眼睛瞪它，它也毫不示弱地用眼睛瞪着我，成了经典的"大眼瞪小眼"。

奶奶知道后，笑得直不起腰来，"哈……"我也傻笑起来。

163

童年是美妙的，你们知道了这个小插曲后，对我的童年怎么评价呢？

高跟鞋的滋味

张 玫

"妈妈，你穿高跟鞋脚痛不痛呢？"看到刚刚回家的妈妈正疲倦

我喜欢

地脱下那双高跟鞋，我好奇地问道。

妈妈笑了笑："你自己试试看啊！"

"试就试。"我脱下运动鞋，把双脚伸进妈妈的高跟鞋。刚一站起身，我猛地觉得自己高了许多。我试探着往前走了几步，总觉得使不上劲儿。那细细的鞋后跟踩在地上很不稳当，落地时身体老是往两侧歪。我只好弯着腰，弓着背，往前挪着步子。一旁的妈妈早已"哈哈哈"地笑弯了腰。"笑什么笑，有什么好笑的？"我气呼呼地瞪着妈妈。"哟——还真生气了。哪有你这样走路的，活像只虾米。"妈妈一边笑一边说。

"你才像虾米呢！瞧好了，本小姐表演给你看。"说完，我猛地挺直腰，咬紧牙，迈开大步走起来。可毕竟"技术不熟练"，有一步迈得太大，动作变形，我差点儿摔倒在地。"宝贝，别紧张，放轻松一点儿。让妈妈走给你看。"我脱下高跟鞋，如释重负。妈妈换好了高跟鞋，在房间里款款走了起来。

咦！真奇怪，妈妈好像变了一个人似的——身材高挑，步态优雅，难怪那些年轻的女孩子穿着高跟鞋，在购物时也不会倒。也难怪T台的模特们都穿着鞋跟超高超细的鞋子，从容优雅地在地面上敲击出"咔哒咔哒"的声响。

"妈妈，你脱下来，我再试试。"我迫不及待地再次穿上妈妈的高跟鞋，学着妈妈那样，在客厅里轻盈地走着，就好像自己走在高高的T台上，沐浴着梦幻一般的灯光和音乐，迎接着闪烁不停的镁光灯……

和"娇娇女"一刀两断

崔雨昕

俗话说得好：穷人的孩子早当家。妈妈总对我说："以前，家里的兄弟姐妹多，父母都没有时间管我们。我八岁时就开始做家务活了，哪像你们现在这么幸福。都是独生子女，父母宠得很，个个都是家里的娇娇女……"听到这里，我有些不服气了，立刻打断妈妈的话："妈，今天你来教我做饭吧！"妈妈看着我一副认真的表情，笑了："好，那我先来教你做个最简单的青菜丸子汤吧！"

我屁颠屁颠地进了厨房，妈妈把刚买回来的大白菜放进一个菜盆，说："现在进行第一步：洗菜。先把菜叶一片片拨开，再用清水洗干净。"我卷起袖子，拿起一个大白菜就开始掰。妈妈连忙把白菜抢了过去，指着菜茎说："你看，这里已经烂掉了，是不能吃的呀！"我似懂非懂地点了点头，然后按照妈妈的指示，笨手笨脚地一片片拨开菜叶……过了老半天，我终于完成了择菜的工作。妈妈把盛满菜叶的盆子放到水池里，打开水龙头，一边示范，一边对我说："好，现在你要做的是把菜叶在流动的水中彻彻底底洗干净，你瞧，这菜叶上有土，而且还被撒过农药呢，所以，一定要认真认真再认真……"我学着妈妈的样子，用手指使劲儿揉搓着菜叶和菜茎。可是由于用力太猛，菜叶竟被我撕破了！我忍不住哈哈大笑起来，妈妈看着我的狼狈样也忍不住笑了出来。"轻一点儿，轻一点儿！我的小公主，你可不能像搓衣服一样洗菜啊！"我认真地点了点头，调整力度，轻轻地洗着菜叶。

哈，大功告成啦！我伸了个懒腰，真累呀！"下一步，做什么？"我得意扬扬地问妈妈。可是，妈妈却告诉我，这洗净的菜，还得在水里面泡上一会儿才可以，这样做是为了淡化农药。

接着，妈妈拿来一个碗："现在进行第二步：调制肉馅。"妈妈把装满肉末儿的碗递给我，让我把少许酱油、姜末、味精放进去，并将它们慢慢搅匀。"现在，我们开始烧水！"我在锅里倒上水，拧开火，等着水烧开。过了一会儿，水开始沸腾了，冒着小小的泡泡，"咝咝"地响着。

我赶紧把青菜一片一片扔到锅里，但是却不敢靠近，生怕被锅里烧开的水烫着，妈妈看着着急了："快点儿，快点儿把青菜全都倒进锅里，别怕！"可我还是有些恐惧，那"咝咝"声令人心里直发毛。

差不多过了三分钟，菜叶煮熟了，妈妈往汤里加了一勺盐。嘿嘿，接下来就可以煮肉丸了！我学着妈妈的样子，用勺子把肉裹成丸状，一个一个放进锅里，再盖上盖子，看着那些在水中翻腾的小肉丸，我乐了，瞧，它们真像正在跳着欢乐的华尔兹啊！

不一会儿，香喷喷的青菜肉丸汤就煮好了，加一点儿味精，再加一点儿香油，就可以出锅啦。我迫不及待地掀开锅盖，一股浓郁的香味扑鼻而来，我把自己的杰作小心翼翼地倒进汤碗里，迫不及待地尝了一口，味道还真不错呢，我得意地笑了，心里比吃了蜜还要甜。

这可是我做的第一道菜呀！望着妈妈赞许的目光，我美极了。嘿嘿，这下我终于可以大声向大家宣布：我不再是家里的娇娇女啦，万岁！